Sarah Kleiner

Kettenreaktion

Sarah Kleiner

Kettenreaktion

Bibliografische Information der Deutschen Nationalbibliothek:
Die Deutsche Nationalbibliothek verzeichnet diese Publikation
in der Deutschen Nationalbibliografie; detaillierte
bibliografische Daten sind im Internet über http://dnb.dnb.de
abrufbar.

Herstellung und Verlag: BoD – Books on Demand, Norderstedt

ISBN: 978-3-7504-9252-3

Kapitel 1

Das Klingeln meines Handys riss mich aus dem Schlaf. Genervt drehte ich mich in meinem Bett um, es konnte unmöglich schon Zeit zum Aufstehen sein. Ich griff mein Handy und das Display zeigte mir zwei Fakten. Erstens, es war sechs Uhr morgens und damit tatsächlich zu früh, um aufzustehen, und zweitens, meinen Anrufer. Ich sah das Bild eines Mädchens mit langen, leicht gewellten, braunen Haaren, grünen Augen und einem sanften Lächeln. Ein Lächeln, das ich so gut kannte wie kein anderes, denn das auf dem Bild war meine beste Freundin seit meiner frühsten Kindheit. Wir hatten uns nämlich im Kindergarten kennengelernt und hatten seitdem einiges miteinander erlebt und wir würden für immer die besten Freundinnen bleiben. Das hatten wir uns geschworen.

Doch jetzt stöhnte ich lustlos auf. Ich hatte schon den Verdacht gehabt, dass der Anruf von Helen kam. Denn ganz ehrlich, wer sonst als meine beste Freundin sollte den Mut haben, mich an einem Mittwoch um diese Uhrzeit anzurufen? Mittwochs hatte ich nämlich immer erst zur zweiten Stunde Unterricht, was bedeutete, dass ich mehr oder weniger ausschlafen konnte. Doch jetzt war ich wach und Helen hatte sicher einen guten Grund, mich so früh sprechen zu wollen. Also nahm ich mit einem eventuell etwas genervt klingenden „Was?" ab.

„Oh, sorry! Hab ich dich geweckt?", hörte ich die Stimme, die ich wohl unter tausenden wiedererkennen würde, und verdrehte die Augen. Hatte sie denn etwas anderes erwartet?

„Nein, Leni, ich dachte heute, wo ich doch erst so spät zur Schule muss, stehe ich extra früh auf und mache meiner gesamten Familie Frühstück", war meine leicht ironische Antwort und ich konnte genau vor mir sehen, wie jetzt Helen mit den Augen rollte, bevor sie wieder etwas sagte.

„Ist ja gut. Tut mir leid, dass ich dich geweckt habe, aber es ist wirklich wichtig."

Das war mir eigentlich schon klar gewesen. Helen und ich waren schließlich in derselben Klasse und das hieß, dass sie ebenfalls erst später Unterricht hatte. Da musste schon etwas passiert sein, dass meine beste Freundin schon so früh auf den Beinen war, denn sie war absolut keine Frühaufsteherin.

Und noch etwas wunderte mich. Durch den Hörer konnte ich nämlich noch ein leichtes Rauschen wie von Wind hören und dann noch ein vorbeifahrendes Auto. Helen war also definitiv nicht in ihrem Zimmer und darauf sprach ich sie auch direkt an. Schließlich war es immer noch erst sechs Uhr morgens.

„Du, sag mal, Leni, das klingt irgendwie so, als wärst du draußen. Was ist denn eigentlich los?"

Inzwischen war ich auch deutlich wacher und hatte mich aufgesetzt. Ich machte mir schon leichte Sorgen um Helen.

„Deswegen rufe ich ja an. Sag mal, hast du meine Kette gesehen? Du weißt schon, die goldene mit dem Herzmedaillon, die ich von meiner Oma bekommen hab."

Jetzt war ich verwirrt. Natürlich kannte ich ihre Kette, aber was hatte die mit meiner Frage zu tun? „Die hast du doch immer um, aber was hat das damit zu tun, dass du draußen bist?", sprach ich meine Gedanken auch gleich aus.

„Na ganz logisch. Ich suche die Kette."

Natürlich, ganz logisch. Ich konnte ja auch Gedanken lesen, dachte ich mir, doch ich sprach es nicht aus.

„Okay, also hast du die Kette verloren?", fragte ich stattdessen.

„Sonst würde ich sie ja wohl nicht suchen, oder?"

Die hatte aber auch eine Laune heute. Allerdings war ihr die Kette wirklich wichtig, was ihre schlechte Laune erklären sollte. Ihre Oma war vor zwei Jahren verstorben und sie hatten ein sehr enges Verhältnis zueinander gehabt. Schließlich war Helen das einzige Enkelkind, denn sie war Einzelkind und ihr Onkel hatte keine Kinder. Der legte nämlich nur Wert auf seine Hunde und hatte nicht gerne Kontakt zu anderen Menschen.

Das bedeutete, dass sie alle Zuwendung und Liebe ihrer Großmutter für sich alleine bekommen hatte.

Ich hatte ihre Großmutter auch gut gekannt, denn sie lebte bei uns in der Stadt und Helen und ich hatten sehr oft bei ihr gespielt. Ein Grund dafür war das große Haus, das für uns wie ein Abenteuerspielplatz war, ein anderer, dass wir bei ihr einfach alles machen durften, was wir wollten. Leider ist sie dann sehr krank geworden, eine Lungenentzündung, wenn ich das noch richtig im Kopf habe. Sie hatte Helen die Kette quasi auf dem Sterbebett überreicht, mit der Bitte, sie niemals zu vergessen. Diese Kette war das Einzige, was Helen von ihrer Großmutter besaß und dementsprechend wichtig war sie ihr. Helen nannte sie immer ihren wertvollsten Besitz. Und weil ich das wusste und weil ich eben Helens beste Freundin seit dem Kindergarten war, war klar, wie ich jetzt reagieren würde. Ich seufzte wieder. An Ausschlafen war also nicht mehr zu denken. Ich fragte Helen, wo wir uns treffen sollten, und quälte mich dann aus meinem Bett.

Auf dem Weg in die Küche, um wenigstens eine Kleinigkeit zu frühstücken, traf ich auf meine jüngere Schwester Ina. Dass wir Schwestern waren, konnte man eigentlich sofort erkennen. Nicht nur wegen der langen blonden Haare, die wir beide hatten. Auch wenn das für manche Menschen schon als Beweis für eine Verwandtschaft gilt.

Ina und ich sehen uns einfach sehr ähnlich. Von den Gesichtszügen, dem Körperbau und früher sogar vom Kleidungsstil her. Meine Tante meint immer, Ina sieht aus wie eine kleinere oder jüngere Version von mir.

Gerade schaute mich Ina ziemlich irritiert an, ehe sie mir ein ruppiges „Was machst du denn hier?" entgegenwarf.

„Guten Morgen, Schwesterchen, ich freu mich auch dich zu sehen. Und nur zu deiner Information, ich wohne ebenfalls hier", bekam sie auch gleich als Antwort. Normalerweise war ich nicht der fröhlichste Morgenmensch, doch bei so einer Begrüßung konnte ich nicht anders, als mein geringfügig vorhandenes Schauspieltalent auszupacken, um meine Schwester zu nerven.

„Schon klar, aber warum bist du so früh wach? Ich dachte, ich hätte heute früh mal etwas Ruhe vor dir."

Ja, meine Schwester war auch kein Morgenmensch und das stellte sie im Gegensatz zu mir auch immer wieder unter Beweis.

„Tja, falsch gedacht, ich nerv doch immer gerne unerwartet. Außerdem muss ich zu Leni. Sie hat ihre Kette verloren und wenn wir die nicht wiederfinden, kommt das einem Weltuntergang gleich."

Bildete ich mir das nur ein oder flackerte in Inas Blick leichte Unsicherheit auf?

„Die Kette, mit dem Herz?", fragte sie fast schüchtern.

Ich nickte zur Bestätigung.

„Ist die denn so wertvoll?", fragte sie weiter und ich erklärte ihr knapp, dass die Kette zum Teil aus Gold war, aber sie eben auch ein Erbstück war und damit auf einer ganz anderen Ebene wertvoll. Für Helen unersetzbar. Nach meinen Worten verabschiedete sich Ina sehr schnell und verschwand in ihrem Zimmer. Verwirrt sah ich ihr hinterher. Ich konnte weder ihren unsicheren Blick noch ihr hektisches Verschwinden deuten. Lange dachte ich allerdings nicht darüber nach. Wahrscheinlich war ihr einfach eingefallen, dass sie mal wieder ihre Hausaufgaben vergessen hatte oder dass sie heute einen Test schrieb oder etwas Ähnliches. Davon abgesehen, brauchte Helen mich dringend und ich vertrödelte hier meine Zeit.

Nach nur wenigen Minuten verließ ich endlich das Haus und lief zu meiner und Helens Bank. Dort wartete meine beste Freundin wahrscheinlich schon ungeduldig, um mit der Suche nach ihrer geliebten Kette zu beginnen.

Unsere Bank ist eigentlich eine Bushaltestelle und liegt sowohl auf meinem als auch auf Helens Schulweg. Um genau zu sein, ist es die Stelle, an der unsere Schulwege zusammenführen. Von dort aus liefen wir immer gemeinsam zur Schule. Normalerweise brauchte ich ungefähr fünf Minuten, um diese Bank zu erreichen. Heute war ich etwas schneller. Es war schließlich ein Notfall. Ich konnte Helen schon von weitem an unserer Bank stehen sehen. Automatisch schlich sich ein Grinsen auf mein Gesicht. Das war immer so, wenn ich die Brünette sah und auch Helen begann zu grinsen, als sie mich erblickte. Ich wusste, dass es bei ihr auch automatisch so war, wenn sie mich sah, doch trotzdem musste ich das Ganze kommentieren.

„Ich dachte, du hast deine Kette verloren, was gibt es denn da jetzt zu grinsen?", sagte ich also laut, sobald ich in Hörweite war.

„Du bist doof", kam es nur von meiner besten Freundin, allerdings lachte sie dabei, dann zog sie mich zur Begrüßung in eine kurze Umarmung.

Aber bevor wir mit der Suche anfangen konnten, musste ich unbedingt noch eine Frage loswerden, die mich schon vorher am Telefon beschäftigt hatte.

„Wie kommt es eigentlich, dass du um die Uhrzeit anfängst, die Kette zu suchen?", fragte ich also, denn normalerweise würde auch Helen um diese Uhrzeit schlafen.

„Mein Vater hat mich heute früh versehentlich geweckt und da hab ich nach meinem Handy auf dem Nachttisch gegriffen, um zu schauen, wie viel Uhr es ist und da ist mir aufgefallen, dass die Kette nicht wie sonst auf dem Nachttisch lag. Also bin ich aufgestanden und hab genauer nachgeschaut, sie aber nirgends gefunden."

Ich nickte verstehend. Das klang logisch. Helens Familie besaß eine Bäckerei, weswegen ihre Eltern, vor allem ihr Vater, immer sehr früh aufstanden. Und manchmal wurde Helen davon eben wach.

Kurz dachte ich nach.

„Wann und wo hast du die Kette denn das letzte Mal gesehen?", fragte ich.

Helen seufzte.

„Wenn ich das nur wüsste. Also gestern früh bei dir, da hatte ich sie bestimmt noch, aber gestern Abend, da hatte ich sie, glaub ich, nicht mehr."

Wieder überlegte ich. Helen hatte von Montag auf Dienstag, also in der Nacht auf gestern, bei mir übernachtet. Eigentlich kam das unter der Woche so gut wie gar nicht vor, aber vorgestern hatten wir noch etwas für die Schule gelernt, da ich Helen ein bisschen Nachhilfe in Englisch gab. Mir fiel die Sprache einfach leichter als ihr. Dabei hatten wir nicht auf die Zeit geachtet. Als wir fertig waren, war es nämlich schon reichlich spät geworden und deswegen hatten wir spontan beschlossen, dass Helen bei mir übernachten würde. Ihre Kette hatte sie dann zum Schlafen sicher ausgezogen und auf meinen Schreibtisch gelegt. Wie eigentlich immer, wenn sie bei mir schlief und das kam schon ziemlich oft vor. Aber auf dem besagten Schreibtisch lag momentan keine Kette, das hätte ich gesehen. So groß ist mein Zimmer schließlich nicht und der Schreibtisch stand auch direkt gegenüber von meinem Bett.

Trotzdem fragte ich Helen: „Du hast sie aber gestern früh schon wieder umgehängt, oder?"

Sofort antwortete sie mit „Klar!" und wollte erst weiterreden, doch dann stoppte sie und ich konnte sehen, wie sie noch einmal nachdachte und sich Unsicherheit auf ihrem Gesicht abzeichnete. Langsam und stockend fing sie wieder an zu reden. „Wobei ... wenn du so fragst, ich bin mir nicht ganz sicher. Also eigentlich, ich denke schon, dass ich sie umgehängt hab. Aber ehrlich gesagt, ich bin mir nicht sicher. Überhaupt nicht."

Okay, das hieß jetzt, wir hatten keinen sicheren Anhaltspunkt, wo sich die Kette befinden könnte.

„Ich hab deine Kette heute früh und auch gestern nach der Schule nirgends in meinem Zimmer gesehen, aber ich schau auf jeden Fall ganz genau nach", versicherte ich meiner besten Freundin.

„Und wenn sie da nicht ist?", fragte Helen mich schon fast verzweifelt.

„Wir suchen einfach alle möglichen Orte ab und dann werden wir sie schon finden", meinte ich möglichst optimistisch, obwohl ich mich überhaupt nicht so fühlte. Mir, und wahrscheinlich auch Helen, war klar, dass die Kette nicht so einfach zu finden sein könnte. Sie war zum Teil aus Gold, das hieß, sie war wirklich wertvoll und wenn die irgendwo auf der Straße lag, konnte die auch jeder mitnehmen. Dennoch suchten Helen und ich den kompletten Weg von ihrem Haus zu meinem, dort schauten wir auch kurz in meinem Zimmer nach, und von meinem Haus zur Schule ab. Unter anderem weil wir gestern noch Sportunterricht gehabt hatten und auch da nahm Helen ihre Kette normalerweise ab. Vielleicht, so dachten wir, hatte sie die Kette nach Sport vergessen umzulegen, sie in ihrer Tasche gelassen und dann war sie auf dem Weg zu mir herausgefallen. Doch wie ich es schon fast erwartet hatte, war die Kette nirgends zu finden. Auch in den Umkleideräumen unserer Turnhalle, in denen wir dank unseres Sportlehrers kurz nachschauen durften, tauchte sie nicht auf. Jetzt kam auch noch dazu, dass wir durch unsere etwas länger geratene Suchaktion zu spät zum Unterricht kamen. Und das, obwohl wir beide wirklich sehr früh aufgestanden waren. Zwar waren es nur wenige Minuten, aber Herr Schneider, unser Lehrer, sah es gar nicht gerne, wenn seine Schüler auch nur eine Minute zu spät kamen. Das bedeutete für uns eine längere Strafpredigt, mit der Androhung einer Strafarbeit, sollte sich die Unpünktlichkeit wiederholen. Ich war jetzt schon am Ende mit den Nerven. Der Tag fing ja wirklich gut an.

Kapitel 2

Und er wurde auch nicht wirklich besser, er zog sich in die Länge und ich bekam mehr und mehr das Gefühl, dass die Zeit gar nicht vergehen würde. Nach einem unangekündigten Test in Biologie hatten wir noch Mittagsschule. Um genau zu sein, hatten wir Mathematik, was mir zwar nicht wirklich schwerfiel, aber bei weitem nicht meine Lieblingsbeschäftigung war. Schon gar nicht an einem Nachmittag im September, wenn draußen die Sonne schien.

Helen hatte natürlich durchgängig schlechte Laune, was es für mich nicht angenehmer machte, auch wenn sie versuchte, es zu überspielen und so zu tun, als wäre alles in Ordnung. Das machte sie auch wirklich überzeugend, aber ich kannte sie gut genug, um die Feinheiten zu erkennen, die mir zeigten, dass sie nur spielte. Ich wusste ganz genau, dass sie nur noch diese Kette wiederfinden wollte und kaum etwas anderes im Kopf hatte. Für meine beste Freundin war klar, sie hatte nicht richtig aufgepasst und ihre Großmutter enttäuscht.

Nachdem wir endlich den Schultag hinter uns gelassen hatten, liefen Helen und ich wie immer gemeinsam bis zu unserer Bank. Auf dem Weg versuchte ich mehrfach, sie mit blöden Witzen oder dummen Sprüchen abzulenken. Sonst klappte das immer und Helen hatte nach kürzester Zeit ein dickes Grinsen im Gesicht und erklärte mir im Scherz, dass ich doof war.

Doch heute wollte das nicht so recht klappen. Helen war einfach in ihren Gedanken zu sehr mit ihrer Kette beschäftigt. Die brachte sie wirklich aus dem Konzept.

An der Bank angekommen, verabschiedeten wir uns mit einer kurzen Umarmung und ich versicherte ihr, dass ich zuhause noch einmal ganz genau nach der Kette suchen würde. Sie bedankte sich noch und wir machten uns endgültig auf den Heimweg.

Zuhause stellte ich dann sozusagen mein Zimmer auf den Kopf und suchte in jeder Ecke nach der Kette. Inzwischen war ich schon leicht genervt davon. Nur wegen ein bisschen Schmuck dieser Stress. Aber es war eben nicht nur Schmuck. Es war Helens wertvollster Besitz und ich war ihre beste Freundin und deswegen suchte ich eben weiter.

Ich beschloss, noch das Badezimmer zu durchsuchen. Es konnte ja sein, dass Helen sie dort zum Duschen abgelegt und dann vergessen hatte. Gerade als ich anfing mich dort umzusehen, betrat Ina das Bad und blickte mich skeptisch an.

„Louisa, was genau machst du da?", fragte sie mich und sah mir dabei zu, wie ich versuchte, einen Blick hinter den Badschrank zu werfen. Konnte auch sein, dass die Kette dahintergefallen war.

Übrigens gab es neben Ina nur wenige Personen, die mich mit meinem kompletten Namen ansprachen. Ich mochte ihn nämlich irgendwie nicht so sehr. Außerdem war er mir zu lang. Ich wurde meistens Isi genannt und stellte mich auch so vor. Manchmal wurde ich auch Isa genannt, besonders gerne von meinen Eltern, oder in Helens Fall Lou. Und das aus einem ganz einfachen Grund. Ich nannte sie meistens Leni, und Leni und Lou klingt einfach besser als Leni und Isi. Außerdem befand meine beste Freundin, dass sich Isi oder Isa und Ina zu ähnlich anhörten und sie wollte ja nicht, dass sie nach mir rief und meine Schwester sich angesprochen fühlte. Wo wir jetzt wieder bei Ina waren, die mich nur aus einem Grund Louisa nannte. Um mich zu ärgern. Genervt sah ich sie an.

„Ich suche Lenis Kette."

„Hast du die nicht heute Morgen schon gesucht?", kam wieder eine leicht skeptische Frage. Was genau war heute eigentlich mit ihr los? Sonst interessierte sie sich doch nie dafür, was ich so machte. Ina war vier Jahre jünger als ich, also vierzehn. Ich war vor ein paar Wochen achtzehn geworden. Früher, bis ich so ungefähr fünfzehn Jahre alt war, hatten wir eine sehr enge Beziehung. Wir haben uns so gut wie alles erzählt und viel Blödsinn angestellt. Damals konnte ich sie lesen wie ein Buch und wusste schon fast, was sie dachte.

Das hatte sich inzwischen alles geändert. Sie wurde zu einer ziemlichen Zicke und provozierte häufig Streit mit mir oder unseren Eltern. Unser Vater meint immer, sie sei gerade einfach in so einer Phase, allerdings ging diese Phase jetzt schon ein paar Jahre und könnte meiner Meinung nach endlich wieder abklingen. Inzwischen ließ ich Ina einfach in Ruhe und sie ignorierte mich weitestgehend. Nur heute nicht und auch wenn mich dieses plötzliche Interesse irritierte, beantwortete ich ihre Frage, allerdings mit einem genervten Unterton.

„Ja, hab ich, nur leider erfolglos."

„Und du glaubst wirklich, dass du die Kette noch findest? Helen wird die einfach irgendwo auf der Straße verloren haben. Irgendjemand hat sie dann gefunden, sich darüber gefreut und sie mitgenommen. Das kann passieren. Muss sich deine liebe Helen halt eine neue Kette kaufen und diesmal besser darauf aufpassen."

Und ja, genauso wie Ina mich Louisa nannte, benutzte sie auch bei Helen den vollen Namen.

„Ich hab dir doch schon heute Morgen gesagt, dass diese Kette ein Erbstück und damit Lenis wertvollster Besitz ist. Und das hat nicht nur was mit Geld zu tun, sondern mit dem emotionalen Wert. Die kann man nicht einfach austauschen. Da hängen Erinnerungen dran und wenn die weg ist, geht für Leni wirklich eine Welt unter. Also werde ich auch alles daransetzen, diese Kette wiederzufinden", entgegnete ich meiner Schwester etwas harsch. Ich reagierte immer ziemlich heftig darauf, wenn jemand auch nur andeutete, etwas gegen Helen zu sagen und das wusste Ina auch ganz genau.

Die schüttelte daraufhin nur leicht den Kopf, verdrehte genervt die Augen und meinte: „Ist ja schon gut, ich wollte doch deine beste Freundin nicht beleidigen. Eigentlich wollte ich auch nur wissen, ob ich jetzt endlich mal duschen kann."

Ich hatte im Moment wirklich keine Lust und auch nicht die Nerven dazu, mich mit meiner kleinen Schwester zu streiten. Also verließ ich das Bad, aber nicht ohne Ina noch etwas unsanft anzurempeln. Manchmal konnte die mich einfach richtig aufregen.

Am nächsten Morgen traf ich mich wie eigentlich an jedem Schultag mit Helen direkt an unserer Bank, damit wir gemeinsam zur Schule laufen konnten und wie meistens war Helen vor mir da und wartete schon auf mich.

Natürlich berichtete ich ihr sofort, dass ich das gesamte Haus nach ihrer Kette abgesucht hatte, leider ohne Erfolg. Und auch Helen, die natürlich ebenfalls weitergesucht hatte, hatte sie nicht finden können. Dementsprechend war die Laune meiner besten Freundin wieder auf dem Nullpunkt angelangt und ich konnte sie nicht aufmuntern. Da war wirklich nichts zu machen und wenn ich jonglierend und singend auf einem Einrad neben ihr herfahren würde, während drei Affen um mich herumsprangen und ein Clown mit einem sprechenden Löwen diskutieren würde, warum die Affen nicht fliegen. Selbst dafür würde sie sich nicht interessieren oder gar lächeln. Ich konnte also jetzt schon mit ziemlicher Sicherheit sagen, dass der Tag nicht gut werden würde und ich sollte recht behalten.

Als wir an der Schule ankamen, kam mir eine aufgeregte Jenny entgegen. Jenny war eine meiner Klassenkameradinnen. Sie war etwas größer als ich und hatte schulterlange blonde Haare, sie war ziemlich sportlich und spielte Fußball. Irgendwie kam das bei den anderen Mädchen in unserem Alter nicht so gut an, weswegen sie eher mit Jungs befreundet war. Doch es schien ihr nicht wirklich etwas auszumachen.

Als sie jetzt auf mich zukam, fiel auch mir wieder ein, dass ich heute zusammen mit ihr und Sven, einem unserer ruhigeren Mitschüler, eine Präsentation in Geschichte, was wir in der dritten Stunde hatten, halten sollte. Normalerweise machte ich solche Gruppenarbeiten lieber mit Helen zusammen, doch unsere Lehrerin in Geschichte, Frau Wölter, wollte unbedingt neue Gruppen bilden. Sie fand, dass das wichtig wäre, um unsere Klassengemeinschaft zu stärken. Die gesamte Klasse hatte sich bei ihr beschwert, doch sie ließ sich von ihrem Vorhaben einfach nicht abhalten. Ich hatte kein Problem damit, mit Jenny und Sven zu arbeiten, es hatte auch wirklich Spaß gemacht, aber ich hätte eben lieber mit meiner besten Freundin zusammengearbeitet, zumal wir schon so viele Präsentationen und Projekte für die Schule gemeinsam erarbeitet hatten, dass wir schon richtig gut aufeinander eingespielt waren, was uns die Arbeit erleichterte. Aber zu ändern war es jetzt sowieso nicht mehr.

Hektisch informierte mich Jenny darüber, dass Sven ihr geschrieben hatte, dass er mit einer heftigen Erkältung und dazugehörigem Fieber im Bett lag und somit nicht zur Schule kommen würde. Da ich genauso wenig wie Jenny Lust hatte, diese Präsentation ohne Sven zu halten und wir auch nicht so genau über Svens Teil der Präsentation Bescheid wussten, wir hatten das Thema nämlich auf drei Unterthemen aufgeteilt und jeder hatte sich hauptsächlich über sein Unterthema informiert, kamen wir schnell zu dem

Entschluss, dass es am besten für uns wäre, die Präsentation um eine Woche zu verschieben. Schnell einigten wir uns darauf, dass die Chance auf eine Verschiebung am höchsten war, wenn wir Frau Wölter so schnell wie möglich fragten, also ließ ich Helen mit einem entschuldigenden Lächeln stehen und verschwand mit Jenny in Richtung Lehrerzimmer.

Frau Wölter war tatsächlich gnädig und beschloss kurzfristig mit uns einen, natürlich themenbezogenen, Film zu schauen. Wir verabschiedeten uns von ihr und merkten nach einem kurzen Blick auf die Uhr, dass die erste Stunde und damit unser Unterricht in zwei Minuten beginnen würde. Also machten wir uns schleunigst auf den Weg, um noch pünktlich zu kommen. Eigentlich hatten Helen und ich fast die gleichen Kurse, nur ein paar Stunden waren unterschiedlich. Sowie die jetzigen zwei. Geschichte hatten wir dann wieder zusammen und saßen dann auch nebeneinander.

Nach den besagten zwei Stunden hatten wir allerdings erst einmal Pause und ich betrat den Schulhof und suchte auch direkt nach meiner besten Freundin. Es dauerte kurz, bis ich sie entdecken konnte.

Sie stand etwas abseits, gemeinsam mit Sophie, einem Mädchen aus unserem Jahrgang, mit der wir ganz gut befreundet waren. Sie war ziemlich klein und hatte lange braune Haare, die sie zu einem Zopf geflochten hatte. Sie war sehr nett, aber ziemlich schüchtern und wollte unbedingt beliebt sein. Deswegen versuchte sie so oft wie möglich Nadja, unsere sogenannte Schulqueen oder auch einfach die größte Zicke auf unserem Planeten, zu beeindrucken. Die beiden standen mit dem Rücken zu mir und unterhielten sich. Langsam ging ich auf sie zu und wollte mich bemerkbar machen, doch da hörte ich meinen Namen, was mich zum Stehenbleiben brachte. Ich wusste, dass es eigentlich nicht in Ordnung war, aber dennoch lauschte ich dem Gespräch. Denn der Satz, den ich gehört hatte, machte mich nervös.

„Isi würde doch nicht klauen", hatte Sophie gerade gesagt und Helen antwortete zögernd: „Schon, aber sie weiß doch, wie viel diese Kette wert ist. Und ihr Laptop ist ihr letztens runtergefallen. Jetzt braucht sie einen neuen, kann es aber ihren Eltern nicht sagen, die würden ausrasten. Und es wäre ja nicht das erste Mal, dass sie was mitgehen lässt."
Nein, das hatte sie jetzt nicht gesagt, oder? Und was war mit der Kette? Und überhaupt, was hatte das jetzt mit meinem Laptop zu tun? Verwirrt und angespannt verfolgte ich den weiteren Gesprächsverlauf.
„Meinst du damit, sie ... sie hat schon einmal etwas geklaut? Louisa ist kriminell?", fragte nun Sophie.
Sie benutzte dabei sogar meinen vollständigen Namen. Ich hielt die Luft an, mein Herz schlug mindestens viermal schneller, als es eigentlich sollte, während ich, genau wie Sophie, auf Helens Antwort wartete.
„War. Früher mal, als ihre Familie nicht so viel Geld hatte ... da hat sie mal Klamotten geklaut,

aber es war, soweit ich weiß, nur ein Mal und ...",
erklärte meine angeblich beste Freundin. Nein, das
konnte sie doch gerade nicht gesagt haben. Ich
merkte, wie sich Verzweiflung in mir aufbaute.
Jetzt wusste Sophie Bescheid. Was würde sie nun
von mir halten? Und würde sie das für sich
behalten? Sicher nicht! Dafür war diese
Information viel zu interessant und zeigte ein ganz
anderes Bild von mir, als die meisten kannten. Sie
würde es erzählen und mit dieser Erkenntnis kam
noch ein ganz anderes Gefühl in mir hoch. Wut.
Wut auf meine eigentlich beste Freundin. Das
konnte sie doch nicht bringen. Sie hatte mir hoch
und heilig versprochen, es niemals
irgendjemandem zu erzählen. Ich hatte es ihr und
nur ihr anvertraut. Einzig meine Eltern und meine
Schwester wussten davon. Denen hatte ich das
Ganze irgendwann mal gebeichtet. Es war auch
nur ein T-Shirt. Meins war mir beim Spielen
kaputtgegangen und ich wusste, dass meine Eltern
ausrasten würden, da wir kaum Geld hatten. Also
hatte ich ein identisches T-Shirt geklaut. Das war
in der fünften Klasse gewesen. Dass Helen das jetzt
erzählte, traf mich. Sie hatte es mir doch
versprochen. Ich konnte es kaum fassen und
machte die beiden Mädchen jetzt durch ein
Räuspern auf mich aufmerksam. Sie drehten sich
um und Helen sah mich geschockt an.
„Was ... ich meine, warum, also", stotterte sie,
bevor sie kurz durchatmete und fragte: „Wie lange
stehst du schon da?"
Ich konnte es nicht fassen, nicht einmal eine
Entschuldigung. Eher ein Vorwurf, weil ich hier
stehe. War das etwa ihr privater Schulhof? Dass

ich hier ebenfalls zur Schule ging, war ihr ja wohl nicht neu und dass wir die Pausen gemeinsam verbrachten, war schon immer so.

„Lange genug!", zischte ich nur.

Woraufhin Sophie sich kleinlaut verabschiedete. Wahrscheinlich wollte sie bei einem Streit nicht zwischen die Fronten geraten. Ich konnte sie verstehen. Helen sah mich inzwischen zerknirscht an. Sie hatte also doch verstanden, dass das hier gerade nicht in Ordnung war.

„Lou, es tut mir leid, ich wollte das nicht."

Ich unterbrach sie, war geradezu wütend, um ihr zuzuhören. „Was wolltest du nicht? Über mich lästern? Mein Geheimnis rumerzählen oder wolltest du einfach nur nicht, dass ich es mitbekomme?"

„Mann, Lou, bitte, ich hab nicht nachgedacht."

Nicht Nachgedacht? Wirklich? Das war also ihr Grund?

„Das beruhigt mich jetzt aber. Dass du mein größtes Geheimnis nur erzählt hast, weil du nicht nachgedacht hast. Morgen weiß das garantiert die ganze Schule!"

Ich bemühte mich stark darum, nicht zu laut zu werden. Musste ja nicht sofort jeder hier Bescheid wissen. Es reichte, wenn sich das langsam verbreitete. Auch Helen schien zu realisieren, dass ich kurz davor war auszurasten und zog mich mit sich. Möglichst weit weg, von den anderen Schülern. Erst als wir etwas weiter weg waren, genauer gesagt hinter der Sporthalle, sprach sie mich an.

„Bitte, Lou, beruhig dich. Ich hab es doch nur Sophie erzählt." Damit schaffte sie es allerdings nicht, mich zu beruhigen. Eher das Gegenteil, denn Sophie erzählte eigentlich jedem alles. Und außerdem war es für sie eine gute Möglichkeit, Nadja zu beeindrucken.

„Nur Sophie?", schrie ich Helen jetzt schon fast an. Immer noch darum bemüht, nicht allzu laut zu werden, was mir zunehmend schwerer fiel.

„Du weißt genau so gut wie ich, dass Sophie immer alles rumerzählt. Da wird sie natürlich ausgerechnet mein Geheimnis für sich behalten. Ist ja logisch. Sag mal, wie bescheuert bist du eigentlich?"

Damit war ich vielleicht etwas zu weit gegangen, aber ich war gerade wirklich sauer. Ich konnte mich ja später noch dafür entschuldigen.

„Lou, es tut mir leid, okay? Also komm runter. Es ist mir rausgerutscht, das war ein Versehen."

„Es ist dir rausgerutscht? Und das soll jetzt alles besser machen? Leni, ich hab dir vertraut. Ich dachte, du wärst meine Freundin."

Plötzlich veränderte sich der Ausdruck in Helens Gesicht. Sie war jetzt ebenfalls sauer.

„Du bist doch auch nicht besser. Du hast schließlich meine Kette gestohlen."

Das verwirrte mich. Warum sollte ich die Kette gestohlen haben?

„Ich hab die nicht gestohlen, du hast sie verloren", antwortete ich ihr daher ziemlich verwirrt, doch sie sah mich immer noch wütend an.

„Ach und warum hat sie deine Schwester dann auf deinem Schreibtisch gefunden?"

Was meinte sie denn bitte schön damit?

„Wie jetzt? Ina hat die wo gefunden?", fragte ich immer noch merklich verwirrt nach.

„Tu doch nicht so unschuldig. Ina ist vorhin zu mir gekommen und hat die Kette gebracht. Ich dachte, du hast alles durchsucht und sie nirgends gefunden", warf mir Helen jetzt noch an den Kopf. Ina also. Diese kleine, dumme Zicke. Ich sah Helen wieder an. Die konnte das doch nicht glauben, oder?

„Jetzt hör mir mal gut zu! Ich habe die Kette nicht geklaut. Erstens klaue ich nicht mehr! Das war einmal und es war eine Notsituation und zweitens würde ich dir sowas nie antun, das solltest du als meine Freundin wissen! Aber okay, wenn du lieber meiner hinterhältigen kleinen Schwester, die mich ständig ärgern will, glaubst als mir, deiner besten Freundin, dann mach das, aber komm nicht zu mir, wenn du merkst, dass du dich in ihr getäuscht hast. Da hab ich echt keinen Bock drauf!", sagte ich mit fester Stimme und ich sah, dass Helen begann zu überlegen.

„Aber woher sollte Ina dann die Kette haben? Und warum sollte sie mich anlügen?", meinte sie stockend.

„Ich geb ja zu, das ist seltsam, aber es ist Ina. Und ganz ehrlich, du hättest auch erst mal mit mir reden können, anstatt das mit anderen zu besprechen und das mit dem Klauen weiterzuerzählen. So läuft das zumindest unter echten Freundinnen", erwiderte ich und Helen sah mich erschrocken an. „Aber wir sind doch Freundinnen. Beste Freundinnen, für immer?", fragte sie fast ängstlich und ich schüttelte resigniert den Kopf.

„Ganz ehrlich, ich weiß nicht, ob ich das Freundschaft nennen kann. Da braucht man doch keine Feinde mehr."

Dann drehte ich mich um und ging wieder zwischen die Schülermenge. Die Wut verrauchte langsam und es blieben Enttäuschung und Unverständnis. Sollte es das jetzt gewesen sein? Beste Freundinnen, für immer. Seit dem Kindergarten. Konnte ich das jetzt so einfach in Frage stellen? Der restliche Schultag verging langsam. Helen und ich sprachen kein Wort miteinander. Und den Heimweg traten wir nicht gemeinsam an. Ich hatte bewusst Jenny vor dem Schultor abgepasst, um sie zu fragen, ob wir uns wegen der Präsentation noch einmal treffen wollten. Schließlich hatten wir jetzt eine Woche länger Zeit. Doch eigentlich hoffte ich nur, dass Helen schon weg war, bevor ich ging. Und so lief ich heute tatsächlich den Weg zu unserer Bank alleine. Es war ein komisches Gefühl, Helen nicht neben mir zu haben und ich hoffte, dass ich mich daran nicht gewöhnen musste. Ich würde das alles morgen mit ihr klären. Diese Freundschaft konnte ich nicht aufs Spiel setzen. Doch erst mal hatte ich ein Hühnchen mit Ina zu rupfen. Anscheinend hatte sie das Ganze ins Rollen gebracht. Es wunderte mich, dass ich sie heute den ganzen Tag nicht auf dem Schulhof gesehen hatte. So groß war der eigentlich nicht und so sah man sich zwangsläufig ein paar Mal. Ina ging schließlich auf die gleiche Schule wie ich.

Zuhause angekommen, stürmte ich also als Erstes in Inas Zimmer. Dass sie im Bett lag, ignorierte ich und schrie sie direkt an. „Was hast du Leni erzählt? Woher hattest du ihre Kette?"

Im selben Moment betrat meine Mutter das Zimmer und schaute mich streng an.

„Isa, deine Schwester ist krank. Also lass sie doch bitte in Ruhe."

Natürlich war sie krank. Was denn auch sonst.

„Das ist mir gerade sowas von egal. Ich will wissen, was das mit Helens Kette heute war."

Ina sah mich unschuldig an, doch ich sah, dass es gespielt war. Die Unruhe in ihren Augen war kaum zu übersehen.

„Ich weiß gar nicht, was du hast. Ich hab auf deinem Schreibtisch die Kette gesehen und sie Helen mitgebracht", sagte sie und unsere Mutter sah mich an, scheinbar konnte sie Ina nicht durchschauen oder aber sie wollte es gar nicht.

„Helens Kette, die ihr so gesucht habt, lag auf deinem Schreibtisch?"

„Nein, lag sie nicht", war meine irritierte Antwort.

„Lüg doch nicht", kam es von meiner Schwester und meine Mutter sah mich wieder streng an.

„Louisa, war es etwa Absicht, dass du Helen die Kette nicht wiedergegeben hast?"

Geschockt sah ich meine Mutter an. Das hatte sie jetzt nicht gefragt, oder?

„Was? Nein. Natürlich nicht. Leni ist meine beste Freundin", verteidigte ich mich sofort, doch meine Mutter schien sich nicht dafür zu interessieren.

„Wie auch immer. Du lässt jetzt deine Schwester in Ruhe, sie hat nämlich Kopfschmerzen und du überlegst dir, ob du mir die Wahrheit wegen der Kette gesagt hast", war die klare Ansage meiner Mutter. Wie in Trance drehte ich mich um und ging in mein Zimmer, schloss die Tür ab und warf mich auf mein Bett. Das konnte doch alles nicht wahr sein! Zuerst dieser Streit mit Helen und jetzt schien meine Mutter tatsächlich auch noch zu glauben, dass ich meiner besten Freundin ihre Kette nicht zurückgeben würde. Für wen hielten die mich eigentlich alle? Kannte mich auch nur einer von denen richtig? Den restlichen Tag verließ ich mein Zimmer nicht mehr und lag mit Kopfhörern in meinem Bett, die Musik so laut aufgedreht, dass es schon fast in den Ohren wehtat. Aber das war mir egal. Hauptsache, ich konnte alles ausblenden. Irgendwann abends beschloss ich dann, mir eine Kleinigkeit zu essen zu holen, und blieb an der Wohnzimmertür stehen. Wieder belauschte ich ein Gespräch. Wieder ging es um mich. Diesmal waren es meine Eltern. Meine Mutter hatte meinem Vater das Geschehene erklärt und nun diskutierten sie darüber, ob ich die Kette geklaut haben könnte. Tränen schossen mir in die Augen und ich verschanzte mich wieder in meinem Zimmer. So wie es sich angehört hatte, glaubte meine Mutter also tatsächlich, dass ich die Kette gestohlen haben könnte. Nur mein Vater war anderer Meinung.

Kapitel 3

Am nächsten Morgen verließ ich das Haus so früh wie möglich. Ich wollte niemandem aus meiner Familie begegnen, denn ich war wirklich enttäuscht und hatte keine Lust auf irgendwelche Gespräche, vor allem wenn es dabei um eine gewisse Kette gehen könnte. Da ich allerdings noch viel Zeit hatte, bevor ich zur Schule musste, ging ich in den nahegelegenen Park. Er war nicht besonders groß, nur einige Bäume, zwei Rasenflächen und ein Fluss, der quer durch den Park floss und an den meisten Stellen von Büschen und Bäumen gesäumt war. Es gab dort einen etwas versteckten kleinen Platz am Fluss, zu dem man nur durch einen sehr schmalen und versteckten Pfad durch ein paar Büsche gelangen konnte. Dort hatte ich früher als Kind schon oft gesessen und auch jetzt noch zählte er zu einem meiner Lieblingsplätze. Ich hatte ihn durch Zufall entdeckt, als ich mit Helen Verstecken spielte. Sie hatte mich damals ewig nicht gefunden und war irgendwann meinen Namen rufend durch den Park gelaufen. Ich hatte sie noch ein wenig rufen lassen, dann war ich durch das Gebüsch gelaufen, bis ich sie sehen konnte, sie mich aber noch nicht. Erst als sie mir den Rücken zugedreht hatte, war ich aus dem Gebüsch gekrochen, um sie dann zu erschrecken. Erst einige Wochen später hatte ich ihr mein Versteck gezeigt.

Um den Platz herum standen vier Bäume, die ihn zusammen mit den Büschen sehr gut abschirmten. Man konnte dort ungestört, an einen der Bäume gelehnt sitzen und den Fluss beobachten. Wenn man ein Stück auf den Baum kletterte, konnte man den Weg durch den Park sehen, ohne selber gesehen zu werden. Dort saß ich nun auf dem Boden. An dem gleichen Ort, an dem ich damals mit meinem kaputten T-Shirt gesessen und überlegt hatte, was ich machen sollte und hier hatte ich auch mit dem geklauten T-Shirt und einem schlechten Gewissen gesessen. Ich dachte an die Vergangenheit, als meine Mutter nur Teilzeit gearbeitet hatte, um sich um mich und Ina zu kümmern, und dann mein Vater plötzlich arbeitslos wurde, da die Firma, in der er arbeitete, insolvent wurde. Plötzlich hatten wir mit den geringen Einkünften meiner Mutter leben müssen, bis sie einen besseren Job gefunden hatte und auch mein Vater wieder Arbeit hatte. Ich dachte auch an die Zeit, in der ich mich noch so gut mit Ina verstanden hatte, wir alles zusammen gemacht hatten und wir uns gegenseitig blind vertrauen konnten. Als ich mit hundertprozentiger Sicherheit wusste, dass sie mir nie schaden würde und ich dachte an alles, was ich mit Helen erleben durfte. Kennengelernt hatten wir uns im Kindergarten. Meine Mutter erzählte oft, wie ich an meinem ersten Tag nicht im Kindergarten bleiben wollte. Weinend hatte ich vor meiner Mutter gestanden und verlangt, sie solle mich wieder mitnehmen, bis Helen kam und mich an der Hand in eine Ecke mit Bauklötzchen zog. Wir begannen zu spielen und ich beachtete meine Mutter kaum mehr. Von da an waren Helen und ich unzertrennlich.

Ich dachte auch an den Moment, als ich in dem Laden das T-Shirt gesehen und es geklaut hatte. Unter meiner Jacke hatte ich es aus dem Laden transportiert und großes Glück gehabt. Mit mir zusammen hatte eine Frau mit einer großen Tasche den Laden verlassen und als der Alarm anging, wurde sie verdächtigt und während die Verkäuferin die Handtasche durchsuchte, konnte ich unbemerkt verschwinden.

Dann dachte ich an den Moment, an dem ich den Diebstahl meinen Eltern gebeichtet hatte. Ich hatte riesige Angst davor und meine Eltern waren auch wirklich sauer und waren richtig laut geworden, doch sie hatten auch Verständnis. Trotzdem war meine Strafe entsprechend hoch gewesen. Ich hatte Hausarrest gehabt und Fernsehverbot. Außerdem wurde mir immer wieder aufs Neue erklärt, wie schlimm mein Vergehen war und natürlich musste ich das T-Shirt zurückbringen und mich entschuldigen. Glücklicherweise sah der Ladenbesitzer von einer Anzeige ab und das Thema war auch in meiner Familie nie wieder zur Sprache gekommen. Ich hatte das Ganze eigentlich schon fast vergessen, bis es Helen nun wieder ausgegraben hatte.

Die Zeit verging schnell, während ich so in Gedanken war und ich merkte, dass ich den Unterricht verpasst hatte, also zumindest einen großen Teil. Da ich aber immerhin im Abschlussjahr war und ich den Unterrichtsstoff nicht komplett verpassen wollte, entschloss ich mich, mich jetzt auf den Weg zur Schule zu machen, so würde ich zumindest noch die letzten Stunden mitbekommen. Doch da im Moment Pause war, holte ich mir erst etwas zu essen, danach ging ich Richtung Schule.

Als ich dort ankam, war die Pause schon fast vorbei, weshalb die meisten Schüler sich schon im Schulgebäude aufhielten. Als ich jenes betrat, richteten sich fast alle Augen auf mich und aus einer Ecke hörte ich, wie jemand aus meiner Klasse rief: „Taschen festhalten, da kommt Louisa." Erschrocken sah ich mich um, um mich rum fingen meine Mitschüler an zu lachen und zogen teilweise tatsächlich ihre Schulsachen näher an sich.

„Wir dachten schon, du sitzt im Gefängnis."

„Oder wärst auf der Flucht."

„Man weiß ja nie, wann man so erwischt wird", ging es weiter. Gelächter und immer mehr Sprüche bekam ich zu hören und immer mehr Schüler versammelten sich um mich.

„Was soll das?", fragte ich möglichst laut und versuchte dabei, das nervöse Zittern aus meiner Stimme zu verbannen. Es gelang mir nicht wirklich.

„Wir wissen alle, dass du klaust", wurde mir geantwortet.

Dann ging es weiter.

„Ladendiebstahl, okay, kann man hinnehmen, aber die beste Freundin beklauen, das ist echt assi."

„Wenn du schon klaust, kannst du dann nicht gescheite Klamotten klauen anstatt dieses Mülls, den du da trägst?"

„Hast 'ne Altkleidersammlung überfallen, oder?"

„Oder hast du inzwischen in den guten Läden Hausverbot?"

„Kann man dich eigentlich engagieren?"

„Ja, ich brauch dieses neue Handy."

Solche und ähnliche Sprüche wurden mir an den Kopf geworfen. Mit jedem Satz, den ich zu hören bekam, schien der Raum kleiner zu werden und die anderen Schüler schienen immer dichter bei mir zu stehen. Die Stimmen wurden von einem dumpfen Rauschen in meinen Ohren begleitet und alles verdunkelte sich. Es war alles zu eng, zu viel. Ich kämpfte damit, weiterhin normal zu atmen, während mein Herzschlag sich merklich beschleunigte, und aufkommende Tränen zu unterdrücken. Jetzt war es also raus. Die anderen kannten mein Geheimnis und schienen es nicht gut aufzunehmen. Panik erfasste mich und ich fragte mich, was noch passieren würde und wie ich hier wieder rauskommen sollte, denn die Worte, die ich zu hören bekam, schmerzten. Jeder Spruch traf mich wie ein Schlag ins Gesicht und ich konnte nichts machen. Nirgends in Deckung gehen.

Plötzlich hörte ich eine vertraute Stimme, die versuchte sich Gehör zu verschaffen.

„Jetzt hört doch endlich auf. Lou ist keine Diebin!"

Ich sah in die Richtung und sah Helen. Neben ihr, Nadja und Sophie. Erstere grinste hämisch und sprach dann Helen an. „Aber sie hat doch mal Klamotten geklaut, oder?", fragte sie. Unsicher bejahte Helen dies und langsam wurden alle Schüler leise.

Ein anderer Schüler fragte jetzt: „Und deine Kette wurde bei ihr gefunden, oder?"

Wieder bejahte Helen unsicher.

„Gib doch zu, du weißt doch selbst nicht, ob sie die Kette geklaut hat!", kam es jetzt von einem weiteren Schüler und alle sahen gespannt auf

Helen, natürlich auch ich, immer noch nach Luft ringend und hoffend, dass wenigstens sie zu mir halten würde. Helen zögerte, bevor sie leise und unsicher meinte: „Ich weiß es nicht, ganz sicher."
Dieser Satz schien mir den Boden unter den Füßen zu rauben. Ungläubig sah ich meine angeblich beste Freundin an, bevor ich fluchtartig den Schulhof verließ. Ich war verzweifelt und lief einfach immer weiter, bis ich Helens Stimme hörte.
„Lou, bitte warte."
Zu meinem eigenen Erstaunen blieb ich stehen und Helen blieb dicht hinter mir ebenfalls stehen und legte ihre Hand auf meine Schulter, doch ich schüttelte sie ab. Ich wollte nicht, dass sie mich berührte. Ich war einfach viel zu enttäuscht und ja auch viel zu wütend. Eigentlich wollte ich einfach nur meine Ruhe haben.
„Lou, es tut mir leid, nur, ich konnte halt nicht lügen", erklärte mir Helen reuevoll, aber das machte für mich sicher nichts besser.
„Das habe ich auch nicht verlangt! Mir würde es nur reichen, wenn du mir endlich vertraust und mir glaubst, dass ich die Kette nicht gestohlen habe. Schon allein weil du genau wissen solltest, dass ich dir sowas nicht antun würde!", sagte ich leise.
Ich hatte keine Kraft mehr, mich mit ihr zu streiten. Zu geschockt war ich von dem gerade Erlebten und zu enttäuscht von Helens Verhalten.
„Aber es ist halt einfach die logischste Erklärung dafür!", fing Helen wieder an und ich wurde wieder etwas lauter.
„Hör auf dich zu rechtfertigen! Weißt du was, lass mich einfach in Ruhe! Und wenn du so weit bist

und endlich kapiert hast, dass ich niemals meiner besten Freundin etwas klauen würde, dann melde dich bei mir. Bis dahin kannst du unsere Freundschaft vergessen."

Jetzt sah mich Helen geschockt an.

„Aber, Lou, ... ich ...", meinte sie stotternd, doch ich unterbrach sie.

„Nein, ich will es nicht hören! Und übrigens, für dich heiße ich ab jetzt Louisa!"

Mit diesem Satz schaffte ich es nur kurz, Helen zu schocken, denn sie wollte wohl nicht so schnell aufgeben. Wieder und wieder versuchte Helen mit mir zu reden, doch ich blockte ab, sagte ihr, sie solle verschwinden, doch sie wollte das erst klären. Irgendwann reichte es mir. Ich konnte sie einfach nicht mehr sehen. Zu tief saßen die Enttäuschung, die Verzweiflung und zu stark war die Wut. Ich wollte im Moment einfach nur alleine sein.

„Wenn du nicht abhaust, dann geh halt ich", sagte ich deshalb und wandte mich auch direkt zum Gehen.

„Hab ich jetzt wirklich unsere Freundschaft zerstört?", hörte ich Helen noch einmal leise hinter mir, doch ich drehte mich nicht um. Ich ging ohne ein weiteres Wort, doch ich dachte über ihre letzten Worte nach. War unsere Freundschaft zerstört? Vertrauen konnte und wollte ich ihr auf jeden Fall nicht mehr. Zu sehr hatte sie mich verletzt und mein Vertrauen missbraucht. Doch war Vertrauen nicht ein wichtiger Bestandteil einer Freundschaft? War es das jetzt also mit unserer Freundschaft? Wir hatten es uns geschworen. Beste Freundinnen, egal was passiert. Für immer. Wir hatten uns wohl überschätzt.

In die Schule ging ich an diesem Tag nicht mehr. Stattdessen zog es mich wieder Richtung Park und dort immer weiter am Fluss entlang. Ich hing meinen Gedanken nach. Ich hatte gerade wahrscheinlich meine beste Freundin verloren, meine Mutter glaubte wie viele andere auch, dass ich Helens Kette gestohlen hatte und in der Schule war ich wahrscheinlich nicht mehr wirklich beliebt. Wer wollte denn mit einer Diebin, die anscheinend ihre beste Freundin beklaut hatte, etwas zu tun haben? Wo sollte ich jetzt eigentlich hingehen? Zur Schule wollte ich schließlich auf keinen Fall, zu Helen niemals, zumal sie ja wahrscheinlich wieder zur Schule gegangen war, und nach Hause zu meiner Mutter auch nicht. Schon gar nicht, wenn ich eigentlich Unterricht hatte. Abhauen wäre eine Idee, aber was dann? Auf der Straße leben? Auch nicht die beste Option. Ich kam an eine Brücke mit einem breiten Geländer aus Stein. Hier lief ich immer lang, um meine Cousine Lucy von der Schule abzuholen. Lucy war zehn Jahre alt und verbrachte oft die Nachmittage bei uns, da ihre Eltern beide viel arbeiteten und sie sonst alleine zuhause wäre. Wenn es zeitlich passte, lief ich also von meiner Schule aus hierher. Es war eine spezielle Schule mit dem Profil Kunst. Lucy ging an diese Schule, weil hier auch Ballett unterrichtet wurde und sie liebte das Tanzen nicht nur, sie war auch wirklich sehr talentiert.

Natürlich lief ich normalerweise, bevor ich Lucy abholte, mit Helen zu unserer Bank, so viel Zeit musste immer sein, und kurz nach der Brücke trafen Lucy und ich uns dann. Es war für mich zwar ein Umweg, aber meine Tante fühlte sich wohler, wenn ihre Tochter den weiten Weg zu mir nach Hause nicht alleine ging. Was vielleicht eher an dem Verkehrsaufkommen als an der Länge des Weges lag, denn so lang war es eigentlich nicht. Außerdem lief ich gerne durch den Park, also hatte ich wirklich kein Problem damit, die Kleine abzuholen. Heute jedoch blieb ich auf der Brücke stehen, nachdem ich sie zur Hälfte überquert hatte. Langsam schritt ich auf das Geländer zu und sah mir den Fluss an. Ich dachte nach. Würde man einen Sturz von hier in den Fluss überleben? Vielleicht schon, wenn man angestrengt schwamm. Andererseits war die Strömung nicht zu unterschätzen. Ich konnte es mir selber nicht erklären, aber plötzlich hatte ich den Drang, mich auf das Geländer zu stellen, was ich auch tat. Ich stand sicher auf dem Geländer, einfach fallen konnte ich nicht, aber die Möglichkeit zu springen war da. Ich hatte es in der Hand. Ich konnte bestimmen, ob ich leben oder sterben würde und dieses Gefühl war interessant. Es fühlte sich irgendwie gut an.

Was wäre, wenn ich jetzt einfach sprang? Würde man mich vermissen? Sie würden es alle bereuen. Jeder, der heute etwas gesagt hatte, der glaubte, ich hätte die Kette gestohlen, würde es bereuen, oder? Vielleicht würden sie überhaupt nicht daran denken. Vielleicht würde mich niemand wirklich vermissen. Plötzlich hörte ich hinter mir eine mir unbekannte Stimme. Sie war dunkel und leicht rau. Und irgendwie hatte sie etwas Beruhigendes.

„Kann man dir vielleicht helfen?"

„Sehe ich so hilfsbedürftig aus?", fragte ich trotzig zurück. Der sollte mich mit meinen Gedanken in Ruhe lassen!

„Du stehst auf einem Brückengeländer, siehst aus, als hättest du geweint und du führst Selbstgespräche. Klingt nach ‚Ich brauche Hilfe'."

Ich hatte geweint? Jetzt erst bemerkte ich die Tränenspuren in meinem Gesicht. Und Selbstgespräche geführt? Hatte ich meine Gedanken etwa ausgesprochen? Das war jetzt vielleicht etwas peinlich, oder? Hatte der Typ mich verstanden? Mir zugehört? Aber egal, ich wollte, dass er mich in Ruhe ließ! „Selbstgespräche fördern die Kreativität und zeugen von Intelligenz", war also meine ruppige Antwort.

„Hab ich ja nichts gegen gesagt. Allerdings macht es mich nervös, wenn du da oben stehst. Könntest du also bitte runtergehen?"

Der Mann verwirrte mich.

„Könnten Sie bitte verschwinden? Ich kenne Sie ja nicht mal", versuchte ich also noch einmal offensiver, ihn loszuwerden. Doch anscheinend störte ihn das nicht.

„Ich hab nicht gesagt, lass uns zusammen was trinken gehen, sondern dass du runterkommen sollst. Ich hab nämlich keine Lust, dich aus dem Fluss zu fischen. Es ist zu kalt zum Schwimmen."

Konnte es sein, dass der Typ ein bisschen lachte? Was war das denn bitte für einer? Wieder erhob er seine Stimme, nur diesmal sanfter, fast tröstend.

„Hey, da, wo du jetzt stehst, stand ich auch schon, mit wahrscheinlich sehr ähnlichen Gedanken. Das ist es nicht wert, komm runter."

Meinte er das jetzt bildlich, oder stand er tatsächlich schon hier auf dem Geländer? Und wollte er mir jetzt seine Lebensgeschichte erzählen? Langsam wollte ich wirklich wissen, mit wem ich es zu tun hatte. Also drehte ich mich um und sprang wieder auf die Brücke. Vor mir stand ein Mann, so ungefähr Ende vierzig, vielleicht auch schon Anfang fünfzig. Er hatte dunkle Haare und hatte einen langen schwarzen Mantel an, den er allerdings offen trug, auch die Kleidung darunter war dunkel. An seinem Hals konnte man die Ausläufer einer Tätowierung erkennen. Er sah irgendwie aus wie jemand, mit dem man sich nicht anlegen sollte, doch gleichzeitig hatte er auch etwas Sanftes. Er lächelte mich leicht an, schien wirklich froh darüber zu sein, dass ich nicht mehr auf diesem Geländer stand. Warum machte der sich solche Sorgen um mich? Der kannte mich doch nicht mal. Hatte er wirklich geglaubt, ich würde da runterspringen wollen?

„Zufrieden? Ich wollte nicht springen. Ich muss jetzt nur meine Cousine von der Schule abholen. Ich bin nur etwas früh dran", versuchte ich den Fremden zu beruhigen, oder ich wollte ihm, warum auch immer, eine Erklärung bieten. Ich wusste es selbst nicht genau. Nur die Wahrheit sollte er nicht erfahren. Die sollte niemand erfahren.

Der Fremde sah mich mit einem wissenden Blick an und murmelte leise wie zu sich selbst: „Du hast überlegt zu springen." Doch bevor ich etwas dazu sagen konnte, sprach er wieder mit mir.

„Und warum bist du nicht in der Schule?"

„Wer sagt, dass ich zur Schule gehe? Ich bin alt genug zum Arbeiten", sagte ich etwas verwirrt.

Woher wusste er das? Kannte er mich irgendwoher?

„Deine Schultasche", meinte er nur ironisch und grinste dabei. Stimmt, die hatte ich ja auch noch dabei und fallen lassen, als ich auf das Geländer gestiegen war. Dabei war mein Mathebuch herausgerutscht. Aber auch wenn das eine ganz logische Erklärung war, verwirrte mich der Mann. Dieser bückte sich kurz, hob meine Schultasche und mein Buch auf und drückte sie mir in die Hand.

„Danke und schön Sie kennengelernt zu haben", verabschiedete ich mich.

Er lachte nur und meinte: „Hör mit dem Sie auf."

Ich lächelte nun ebenfalls. Der Fremde schien ja ziemlich nett zu sein. Dann lief ich los zu Lucys Schule. Heute war Freitag, ich musste sie also tatsächlich abholen. Als ich ein paar Schritte gegangen war, hörte ich wieder die Stimme des Fremden.

„Hey, egal wie beschissen es dir geht. Das rechtfertigt nicht, dass du dein Leben wegschmeißt."

Ich drehte mich noch einmal um und lächelte ihn an.

„Wenn du meinst", war meine Antwort.

Dann drehte ich mich wieder um und ging endgültig, doch mit meinen Gedanken war ich immer noch bei dem Fremden. Wer war er? Ich kannte ihn nicht und hatte doch das Gefühl, er hatte verstanden, was mit mir los war.

Ich war natürlich viel zu früh an der Schule, um Lucy abzuholen, weshalb ich mir die Zeit mit einem

Spiel auf meinem Handy vertrieb. Die vielen Benachrichtigungen von diversen sozialen Netzwerken, auf denen ich aktiv war, ignorierte ich aber. Der Großteil waren eh Nachrichten von Klassenkameraden und irgendwie hatte ich Angst davor, diese Nachrichten zu lesen. Es waren schließlich ganz sicher keine Entschuldigungen für den Vorfall vorhin in der Schule.

Nach einer guten halben Stunde Wartezeit kam Lucy auf mich zu und sah mich irritiert an. Sie fragte mich, warum ich schon an ihrer Schule gewartet hatte. Ich behauptete einfach, dass ich früher Schulschluss gehabt hatte und dann machten wir uns auf den Weg zu mir nach Hause. Auf halbem Weg jedoch fiel Lucy auf, dass sie ihren Turnbeutel in der Schule vergessen hatte. Nach langem Hin und Her hatte mich meine Cousine dazu überredet, noch einmal zurückzugehen, um die Sportsachen zu holen. Meinen Einwurf, dass die Schule inzwischen wahrscheinlich eh verschlossen war und sie ihre Sportsachen über das Wochenende bestimmt nicht brauchte, ignorierte sie und ich hatte schlicht keine Lust auf weitere Diskussionen. Außerdem konnte ich ihren braunen Kulleraugen nie wirklich etwas abschlagen. Später sollte ich das noch bereuen. Doch zunächst lief ich mit Lucy zusammen zurück zu ihrer Schule, die natürlich noch nicht verschlossen war. Eine kurze Suche nach dem Turnbeutel später, liefen wir wieder durch den Park zu mir nach Hause. Doch noch im Park, kamen uns Ben, Larissa und Felix, drei meiner Mitschüler, entgegen. Schnell blickte ich nach unten und hoffte, sie würden mich einfach ignorieren oder die Sache mit meinem angeblichen Diebstahl schon wieder vergessen haben. So viel Glück hatte ich allerdings nicht. Schon gab es die ersten Sprüche.

„Schau mal an, wer da ist", kam es von einem grinsenden Ben. „Wir dachten schon, du sitzt im Jugendknast", führte er weiter aus, während sich alle drei vor mich stellten.

„Diebstahl, Schule schwänzen, langsam wird es kritisch", war Felix' brillanter Kommentar. Alle drei fingen an zu lachen und Lucy zog etwas an meinem Ärmel.

„Was meinen die?", flüsterte sie in meine Richtung, doch natürlich hatten die drei sie gehört und schauten mich nun an. „Nicht so wichtig, ignorier das", zischte ich ihr zu.

Das Letzte, was ich jetzt gebrauchen konnte, war, dass die Kleine auch noch mit reingezogen wird. Auch das hatten die drei vor mir gehört und Felix meinte nun spöttisch: „Das ist aber nicht sehr höflich."

Jetzt fing auch Larissa an.

„Willst du der Kleinen etwa nicht die Wahrheit sagen?", fragte sie mich.

Ebenfalls mit spöttischem Unterton. Das reichte mir, sie sollte Lucy in Ruhe lassen.

„Lasst meine Cousine aus dem Spiel", versuchte ich mit einer möglichst drohenden Stimme zu sagen, doch es schien die drei nicht zu beeindrucken. Natürlich nicht, sie waren schließlich in der Überzahl.

„Die arme Kleine! Verwand mit einer Kriminellen", meinte Larissa beinahe mitleidig und Ben schoss direkt noch hinterher.

„Muss die eigentlich auch schon klauen?"

Nun stellte sich Lucy vor mich, als wollte sie mich beschützen und schrie fast.

„Seid still und lasst Isi in Ruhe!"

Das brachte die drei wieder zum Lachen, war vielleicht auch verständlich. Schließlich war Lucy deutlich kleiner als ich und könnte gegen die drei rein gar nichts ausrichten. Trotzdem machte es mich stolz und irgendwie auch glücklich, dass sie sich, ohne zu zögern, vor mich stellte. In diesem Moment kam mir die Frage auf der Brücke, ob mich jemand vermissen würde, schon fast lächerlich vor. Natürlich gab es da Menschen, die mich vermissen würden. Allen voran das Mädchen, das hier gerade mutig vor mir stand. Doch der kurze Glücksmoment wurde schnell wieder zerstört.

„Wow, du hast dir einen Bodyguard gesucht", kam es von einem lachenden Felix und als Lucy noch einmal ansetzte und den dreien ein „Verschwindet" entgegenbrüllte, meinte Larissa nur: „Halt dich da raus, Kleine!"

Kurz danach hörte ich jedoch hinter mir eine mir inzwischen bekannte dunkle und ruhige Stimme. Doch diesmal wirkte sie eher drohend als tröstend, so dass auch ich einen leichten Schreck bekam.

„Habt ihr das Mädchen nicht gehört? Ihr sollt verschwinden!" Erschrocken sahen die drei auf, sie hatten ihn wohl nicht bemerkt, da sie sich auf Lucy und mich fokussiert hatten. Dann machten sie kehrt und liefen in erhöhtem Tempo davon. Ich

drehte mich um und da stand er wieder vor mir,
der fremde Mann in dem dunklen Mantel. Er
grinste mir leicht zu und ich bedankte mich für
sein Eingreifen.

„Nichts zu danken", meinte er nur, immer noch
grinsend, dann verabschiedete er sich und ging
seiner Wege. So machte ich mich nun auch
gemeinsam mit Lucy auf den Heimweg. Erst als wir
den Park schon wieder verlassen hatten, sprach
Lucy mich wieder an. „Wer war das?", fragte sie
mich. Mir war klar, dass sie den Fremden meinte
und nicht meine Mitschüler. Die hatte sie
bestimmt schon einmal gesehen, unsere Stadt war
nicht so besonders groß und außerdem waren die
drei in meinem Alter. Das würde Lucy nicht
hinterfragen. Aber der Fremde, der kam ihr
natürlich komisch vor. Mir schließlich auch, aber
die Wahrheit, die konnte ich ihr nicht sagen. Sie
würde es nicht verstehen und sich vielleicht sogar
Sorgen machen. Sehr wahrscheinlich würde sie
sich Sorgen machen. Nein, für sowas war sie
eindeutig noch zu jung, also musste sie sich mit
einem „Ist eine lange Geschichte" begnügen.
Natürlich gab sie sich damit nicht zufrieden, es
war ja nicht einmal annähernd eine Antwort auf
ihre Frage und sie starrte mich weiter an. Ich
reagierte nicht, worauf sie wieder begann zu
fragen.

„Woher kanntest du den Mann? Und was meinten
die drei?"

Ich seufzte genervt. Mir war klar, dass sie keine
Ruhe geben würde, bis sie eine Antwort hatte.
Doch ich konnte meine kleine Cousine unmöglich
mit so etwas belasten, also gab es für mich nur

einen Weg. Ich blieb stehen, stellte mich vor Lucy und sah ihr fest in die Augen.

„Lucy, vergiss das bitte einfach. Der ganze Vorfall ist schlicht nicht passiert. Wir werden da nicht mehr drüber sprechen und du erzählst es auch niemandem. Verstanden?"

Sie nickte nur unzufrieden. Natürlich wollte sie immer noch antworten, doch sie schien verstanden zu haben, dass ich es ernst meinte und diesmal nicht mit mir diskutieren lassen würde und so setzten wir unseren Weg fort.

Zuhause angekommen, versuchte ich mich so normal wie möglich zu verhalten. So als hätte ich nicht am Vorabend gehört, wie meine Eltern darüber diskutierten, ob ich dazu fähig war, meiner besten Freundin ihre wertvolle und geliebte Kette zu stehlen. Außerdem wollte ich auf alle Fälle vermeiden, dass meine Eltern erfahren, dass ich heute die Schule geschwänzt hatte, das würde meine Mutter doch nur in ihren schlechten Ansichten über mich bestärken. Da ich schon achtzehn war und sonst eigentlich kaum Fehlzeiten in der Schule hatte, dürfte das allerdings kein größeres Problem darstellen.

Außerdem war Lucy da, so lag das Hauptaugenmerk nicht auf mir und ich hatte meine Ruhe.

Als ich später im Bett lag, konnte ich nicht einschlafen und wälzte mich stundenlang von einer auf die andere Seite. Immer wieder kehrten meine Gedanken zurück zu dem Moment, als ich auf dem Brückengeländer gestanden hatte, und damit auch zu dem Fremden. Hatte er mir heute das Leben gerettet? Wahrscheinlich nicht wirklich. Ich wäre nicht gesprungen, denn so schlimm war mein Leben doch gar nicht. Ja, ich hatte einen Moment daran gedacht, weil es irgendwie leichter wäre, aber eigentlich wollte ich mein Leben bei weitem noch nicht beenden. Bei alldem, was heute passiert war, wie sehr ich auch verletzt wurde und wie ungewiss auch meine Zukunft war, wollte ich doch meine Zukunft erleben und all meine Träume noch erfüllen. Außerdem konnte die Welt doch morgen oder nächste Woche schon wieder ganz anders aussehen. Ich war bei weitem noch nicht bereit dazu, jetzt schon einen Schlussstrich zu ziehen. Trotzdem war ich diesem Fremden dankbar, denn wäre ich wirklich gesprungen, da war ich mir sicher, wäre er mir hinterhergesprungen, um mich zu retten.

Das Wochenende hatte ich größtenteils in meinem Zimmer verbracht. Eigentlich wollte ich lernen, doch ich konnte mich nicht wirklich motivieren. Also hatte ich eines meiner Lieblingsbücher gegriffen und es jetzt schon zum bestimmt zwanzigsten Mal durchgelesen. Trotzdem ging ich am Montag recht optimistisch in die Schule. Bestimmt würde keiner mehr auf diesen Diebstahlgerüchten herumreiten. Das hatte sich wahrscheinlich bis heute geklärt oder war langweilig geworden. Schließlich war es jetzt schon ein paar Tage her und wie lange sollte man denn auf sowas herumreiten? Und mit Helen würde ich mich auch wieder vertragen. Wir waren schließlich beste Freundinnen, da machte doch so ein blöder

Streit nicht alles kaputt. Alles würde wieder gut werden, davon war ich überzeugt.

Kapitel 4

Doch ich sollte mich getäuscht haben. Helen wartete nicht wie sonst üblich an unserer Bank auf mich und sie kam auch nicht nach mir dort an. Ich hatte so lange gewartet, bis ich fast zu spät zum Unterricht kam. Ich schaffte es gerade noch pünktlich, doch auf meinem angestammten Platz neben Helen saß heute Sophie. Das enttäuschte mich sehr. Helen wollte wohl nicht einmal versuchen, sich mit mir wieder zu vertragen. Ich verkroch mich also nach hinten an einen freien Tisch und versuchte dem Unterricht zu folgen.

Man sollte eigentlich meinen, jetzt, wo ich nicht mehr Helen zum Reden neben mir hatte, sollte mir das gut gelingen, doch das Tuscheln um mich herum lenkte mich zu sehr ab. Früher hatte mich das Gerede der Mitschüler während des Unterrichts nicht interessiert, aber jetzt meinte ich immer wieder meinen Namen zu hören und Blicke auf mir zu spüren. Und das, obwohl ich in der letzten Reihe saß. Als mich dann auch noch der Lehrer aufrief, hatte ich keine Ahnung, bei welchem Thema wir überhaupt waren oder was von mir gefordert wurde. Der Lehrer beschwerte sich lautstark über meine fehlende Aufmerksamkeit und fast die gesamte Klasse lachte. Konnte der Tag eigentlich noch schlimmer werden? Der Unterricht zog an mir vorbei und die Pausen verbrachte ich alleine hinter der Sporthalle, damit mich niemand sah und ich so meine Ruhe hatte.

Als ich einen Tag später das Klassenzimmer wieder alleine betrat, hatte jemand mein Gesicht auf die

Tafel gemalt. Darunter stand: „GESUCHT, wegen Diebstahl". Natürlich stand auch mein Name dabei, nur damit es auch jeder Idiot verstand. Ich versuchte es zu ignorieren und setzte mich wieder an meinen Einzeltisch und wartete auf unsere Lehrerin Frau Müller. Die sah sich die Tafel an und schaute dann misstrauisch zu mir.

„Louisa, willst du dazu etwas sagen?", fragte sie und ich schüttelte nur den Kopf.

Meinte die etwa, ich hatte das selber dahin geschrieben? Schien so, denn sie bat mich, die Tafel zu putzen. Ich konnte mir kaum eine größere Demütigung in diesem Moment vorstellen. Und seit wann nannten mich eigentlich alle bei meinem vollen Namen? Hatte ich mich nicht mit jedem Lehrer und Mitschüler auf einen meiner Spitznamen geeinigt?

Unter dem Gekicher der Klasse stand ich also auf und machte mich an die Arbeit, während Frau Müller der Klasse erklärte, dass man nicht über alles lachen musste. Was war eigentlich das Problem von dieser Frau? Dachte die ernsthaft, ich hatte das selber gemacht, damit alle mal wieder was zum Lachen haben?

Die Tage vergingen und ich klammerte mich an die Hoffnung, dass das Thema bald langweilig werden würde und meine Mitschüler ein anderes Gesprächsthema fanden, doch das passierte nicht und mit jedem Tag wurde die Hoffnung kleiner. Das Schulgebäude wurde für mich immer dunkler und angsteinflößender und ich wurde stets von Tuscheln und Gelächter begleitet, auch wenn eigentlich keiner in meiner Nähe war. Ich wurde ruhiger, sprach nur noch selten und verzog mich meistens auf mein Zimmer. Nachts konnte ich kaum noch schlafen, weil ich Angst vor dem nächsten Schultag hatte. Die Lehrer schienen nichts zu bemerken oder sie ignorierten es einfach und auch meine Eltern sagten nichts. Vielleicht dachten sie, ich wäre genau wie Ina nur in einer Phase. Die Wahrheit sprach ich nicht an. Wie sollte ich das auch sagen, außerdem wollte ich Helens Kette nicht ansprechen. Das würde doch nur wieder zu einer Diskussion führen und dafür war ich momentan einfach nicht stark genug. Auch dass Helen und ich uns nicht mehr trafen, schienen meine Eltern nicht zu bemerken. Helen ignorierte mich weiterhin und ich versuchte nicht, auf sie zuzugehen. Sie hatte mich im Stich gelassen und sie hatte mein Geheimnis erzählt. Da sollte sie auch auf mich zukommen, schließlich hatte ich auch noch meinen Stolz. Vielleicht hatte ich aber auch einfach nur Angst, dass sie mich zurückweisen würde, wenn ich sie ansprach.

Immer wieder hatte ich die Situation auf dem Brückengeländer vor Augen. Hätte ich doch einfach springen sollen? Doch noch hatte ich die Hoffnung, dass ich das alles durchstehen und dass bald alles wieder besser werden würde.

Als die Herbstferien begannen, war ich erst mal erleichtert, denn endlich hatte ich eine Woche Ruhe vor meinen Mitschülern und vielleicht würden sie in der Woche vergessen, dass ich angeblich eine Diebin war. Eine Woche war lang und da konnte einiges passieren. Vielleicht gab es dann spannendere Themen als mich.

Es waren wohl die trostlosesten Ferien, die ich je in meinem Leben erlebt hatte. Wir fuhren nicht in den Urlaub oder Ähnliches. Meine Eltern arbeiteten und ich traf mich, im Gegensatz zu Ina, mit niemandem. So war ich die meiste Zeit alleine, was ich aber auch in Ordnung fand. Inzwischen hatte ich mich daran gewöhnt, alleine zu sein.

Normalerweise hatte ich auch in den Ferien fast jeden Tag etwas mit Helen unternommen, doch wir sprachen ja nicht mehr miteinander. Ich verbrachte eigentlich die ganzen Ferien mit Lesen, saß vor dem Computer und lernte.

Als meine Eltern dann doch verkündeten, wir würden am Wochenende einen Ausflug machen, lehnte ich ab. Ich wollte nichts mit meiner Familie unternehmen und dabei so tun, als hätte ich Spaß. Schon gar nicht mit Ina, denn sie war mit Schuld an den Vorfällen und leugnete es immer noch. Ein Gutes hatte das Ganze. Dadurch, dass ich jetzt viel mehr Zeit mit Lernen verbrachte als eigentlich geplant, war ich gut auf die nächsten Klausuren und auch schon ein bisschen auf die Prüfungen, die dieses Schuljahr auf mich zukamen, vorbereitet.

Nach der Ferienwoche ging ich nervös in die Schule, mit der kleinen Hoffnung darauf, dass sich etwas geändert haben könnte, doch es ging weiter mit der Ausgrenzung und den Beleidigungen und mit jedem Tag wurde es schwieriger zu ertragen. Ich traute mich kaum noch, etwas im Unterricht zu sagen, worunter meine Noten litten. Ich bekam schon Bauchschmerzen, wenn ich nur an die Schule dachte und an manchen Tagen war ich schon kurz davor gewesen, einfach gar nicht mehr hinzugehen, doch davon hielt mich mein Pflichtbewusstsein ab. Irgendwie musste ich schließlich meinen Abschluss schaffen. Also kämpfte ich weiter, nur um dieses Jahr durchzustehen.

Inzwischen, gute zwei Monate nach dem Tag, an dem Helen mein Geheimnis ausgeplaudert hatte, war meine Hoffnung auf eine Besserung quasi nicht mehr vorhanden und ich selbst konnte mich immer weniger leiden. Immer wieder kamen mir die gleichen Fragen in den Kopf: Hatte ich das alles verdient? War das nun die Strafe für meinen damaligen Diebstahl? Oder hatte ich etwas anderes verbrochen, womit ich das hier verdient hatte? Stimmte vielleicht etwas mit mir nicht? Sah ich komisch aus oder sowas?

Wieder mal saß ich still im Unterricht und versuchte alles um mich herum auszublenden, als der Lehrer kurz den Raum verlassen musste, da er die Arbeitsblätter im Lehrerzimmer vergessen hatte, und kaum hatte er die Tür hinter sich geschlossen, da wurde die Klasse laut. Wie so oft bekam ich dumme Sprüche zu hören und auch die eine oder andere Papierkugel traf mich. Das reichte, in Gedanken war ich plötzlich bei der Brücke und der Möglichkeit, selber zu entscheiden, wann Schluss ist. Diese Entscheidung würde ich jetzt treffen, da war ich mir sicher. Wie ferngesteuert begann ich meine Sachen zusammenzupacken, was natürlich mit weiteren Sprüchen kommentiert wurde. Ich solle keine fremden Sachen einpacken, wurde mir gesagt. „Musst du jetzt weinen?", wurde ich gefragt. „Dann geh doch, dich will hier eh keiner haben", wurde mir an den Kopf geworfen.

Ich stand auf und bewegte mich zu Tür. Neben Helen blieb ich kurz stehen. War das Mitleid in ihren Augen? Und Schuld? Egal, ihr Mitleid brauchte ich garantiert nicht und wenn sie jetzt erst merkte, was sie verbockt hatte, konnte sie mir gestohlen bleiben. Und die hatte ich mal als beste Freundin bezeichnet. Ich schüttelte kurz den Kopf, dann verschwand ich aus dem Klassenzimmer. Wie in Trance verließ ich das Schulgebäude. Eine Lehrerin wollte wissen, wo ich hinging, doch ich wies sie mit einem einfachen „Hab Kopfschmerzen, geh nach Hause" ab. Sie meinte nur: „Gute Besserung", und ließ mich gehen. Ich ging weiter, wurde auf dem Weg immer schneller und irgendwann rannte ich. Rannte, bis ich außer Atem war und wieder auf der Brücke stand. Kurzentschlossen stieg ich auf das Geländer, doch dann zögerte ich. Konnte ich wirklich alles wegschmeißen? War ich wirklich schon so verzweifelt? Aber es war doch besser so, für alle. Mich brauchte man nicht, man hatte mir doch gerade gesagt, dass ich gehen sollte, da mich hier eh keiner mehr wollte. Ich war doch nur noch eine Last, also warum nicht der Welt einen Gefallen tun und dann würden sie auch endlich alle sehen, was sie mir angetan hatten. Ich wollte nicht weiter so trostlos vor mich hinleben. Freunde hatte ich keine mehr und ganz ehrlich, wer würde mich schon vermissen?

Doch plötzlich hörte ich eine Stimme hinter mir. Es war wieder der Fremde, der hinter mir stand und mich ansprach. Wieder war seine Stimme ruhig und fast tröstend.

„Du scheinst Brücken ja sehr zu mögen", stellte er fest und verwirrte mich erst mal damit. Das fiel ihm also ein, wenn jemand augenscheinlich dabei war, in den Tod zu springen. Aber gut, er konnte ja nicht wissen, wie ernst es diesmal war.

„Du anscheinend auch", war meine vielleicht etwas genervte Antwort. Doch auf meine genervte Stimme ging er nicht ein. Er blieb weiter ruhig.

„Und willst du mir jetzt erzählen, du stehst zum Spaß da oben? Um Fische zu beobachten? Oder sagst du mir endlich die Wahrheit?"

Der konnte aber auch nie ein Gespräch ohne Ironie führen, oder? Und mal davon abgesehen, Wahrheit, was zählte das schon? Hatte das Wort noch irgendeine Bedeutung? Jeder bog sich doch die Wahrheit so zurecht, wie sie ihm passte.

„Die Wahrheit interessiert doch keinen!", war also meine schlichte Antwort.

Noch immer starrte ich auf das Wasser. Wie hoch war die Wahrscheinlichkeit, dass er mich retten konnte, wenn ich jetzt sprang? Noch während dieses Gedankengangs brachte mich der Fremde mit einem „Sicher?" vollkommen aus dem Konzept. Was meinte er damit? Interessierte er sich wirklich für die Wahrheit? Oder sagte er das nur, um mir nicht hinterherspringen zu müssen? Um ihm nicht zu zeigen, dass er mich verunsichert hatte, wechselte ich das Thema.

„Du hast gesagt, dass das Leben nie so beschissen sein kann, um zu rechtfertigen es wegzuschmeißen. Du hast dich getäuscht!", warf ich ihm nun an den Kopf, in der Hoffnung, das würde ihn zum Verstummen bringen, denn ich ahnte, er würde es schaffen, mich hier runterzuholen und das wollte ich nicht. Oder wollte ich es doch? Wollte ich jetzt wirklich sterben? Wieder drang die Stimme des Fremden an mein Ohr. Diesmal lauter und ich meinte ein bisschen Wut aus seiner Stimme zu hören.

„Und was willst du jetzt machen? Alles hinschmeißen? Willst du deine Zukunft nicht erleben?", warf er mir fast schon an den Kopf und kurz darauf hörte ich eine weitere mir bekannte und sehr erschrockene Stimme „Isi, was machst du da?" rufen.

Auch ich war erschrocken. Das war Lucy und die sollte das hier garantiert nicht erleben. Das konnte ich meiner lieben kleinen Cousine nicht zumuten.

„Was machst du hier?", schrie ich sie an, doch sie ließ sich nicht beeindrucken und antwortete mit lauter und sicherer Stimme: „Das ist mein Schulweg! Was machst du da oben? Komm runter, das ist gefährlich!"

Natürlich, das hier war ja immer noch die Brücke, die ich immer mit ihr zusammen überquerte und an der ich ihr schon so oft gesagt hatte, dass sie nicht auf das Geländer klettern durfte, da das gefährlich war und jetzt stand ausgerechnet ich hier oben, mit der Absicht zu springen. Plötzlich spürte ich einen festen Griff um meinen rechten Arm und drehte mich automatisch in die Richtung, nur um dem Fremden direkt in die Augen zu sehen. Er sah mich streng an und begann zu sprechen. „Da steht das kleine Mädchen, das dich schon vor drei Jugendlichen in Schutz genommen hat und hat Riesenangst um dich. Schau sie dir an! Willst du ihr das antun?", fragte er mich und ich blickte zu Lucy, die mit schreckgeweiteten Augen kaum zwei Meter von mir entfernt stand.

Nein, das konnte ich ihr nicht antun. Ich würde ihr ganzes Leben versauen, damit würde sie nicht klarkommen. Es ging einfach nicht, sie sollte nicht wegen mir leiden. Ich schüttelte leicht den Kopf und stieg mit Hilfe des Fremden von dem Geländer und sofort sprang Lucy auf mich zu und umarmte mich. Ich merkte, wie der Fremde uns zu einer Bank zog, die neben der Brücke stand. Auf dieser ließen wir uns nieder, Lucy eng an mich gekuschelt, sie zitterte merklich, sie schien echt Angst gehabt zu haben und das trieb mir die Tränen in die Augen. Ich konnte kaum fassen, was ich der Kleinen fast angetan hatte. Kurz schwiegen wir alle, bis der Fremde mich aufforderte ihn anzusehen. Bis dahin hatte ich den Boden betrachtet, doch jetzt hob ich meinen Blick und schaute ihm in die Augen. Ich wusste nicht warum, aber er schaffte es, mich mit seinem Blick leicht zu beruhigen. Dann fragte er mich nach der Wahrheit, warum ich das getan hatte. Ich vermutete, dass er aus Rücksicht auf Lucy nicht genau aussprach, was ich vorhatte, aber ich war mir sicher, dass er es ganz genau wusste. Auch wenn ich mir nicht erklären konnte, woran er gemerkt haben konnte, dass es dieses Mal ernst gewesen war. Kurz überlegte ich, warum hatte ich das gemacht? Dann entschied ich mich für die einfachste Antwort.

„Weil ich gemobbt werde."

Doch anscheinend reichte dem Fremden diese Antwort nicht, denn er schüttelte leicht den Kopf.

„Nein, was genau waren deine Gedanken, als du da oben standest?"

Jetzt überlegte ich länger. Was genau hatte mich dazu bewogen? Was war der Grund, dass ich tatsächlich in Erwägung gezogen hatte, mein Leben zu beenden? Nach und nach kamen die Gedanken wieder, die ich da oben hatte. Langsam, stockend gab ich sie dem Fremden preis. Warum ich ihm das anvertraute, wusste ich selber nicht, aber irgendwie wusste ich, dass er mich verstehen würde. Dass ich ihm vertrauen konnte.

„Ich dachte, dass sie vielleicht recht haben, dass ich es verdient habe, so behandelt zu werden, weil ich nicht bin wie alle anderen, weil ich es nicht geschafft hab, mich anzupassen. Vielleicht bin ich es wirklich nicht wert, bin wertlos und es ist für alle das Beste, wenn ich nicht mehr da bin", flüsterte ich und wurde plötzlich von einem lauten „Stimmt gar nicht!" von Lucy unterbrochen. Schüchtern schaute sie den Fremden an, der ihr lächelnd zunickte. Dann begann sie zu reden. Auch sie war leise, doch in ihrer Stimme lag eine Überzeugung, wie ich sie bei ihr selten gehört hatte.

„Ich brauche dich doch, was soll ich denn ohne dich machen? Du bist doch meine Lieblingscousine. Du darfst mich nie verlassen!"

Und es war ihr ernst mit dem, was sie sagte, das konnte ich nicht abstreiten. Dazu musste ich nur in ihre Augen sehen, die mich fixierten. Ihre Worte schienen mich von innen zu wärmen und gleichzeitig war ich überrascht, anscheinend hatte Lucy ziemlich gut verstanden, was hier gerade passiert war. Das schlechte Gewissen fraß mich fast auf. Zwar war ich noch am Leben, aber Lucy war in meinen Augen noch viel zu jung, um auch nur annähernd etwas über Suizid wissen zu dürfen. Doch lange konnte ich mich nicht meinem schlechten Gewissen widmen, denn der Fremde ergriff wieder das Wort.

„Jeder Mensch hat einen Wert. Niemand ist wertlos. Ja vielleicht bist du nicht wie die anderen, aber das ist doch gut so. Normal ist langweilig und wer setzt da eigentlich die Maßstäbe? Du darfst niemals denken, dass du wertlos bist."

Er hatte ja irgendwie recht, doch ganz überzeugt hatte er mich nicht. Warum konnte ich nicht einfach wie alle anderen sein? Ohne meine Vergangenheit, in der ich ein T-Shirt gestohlen hatte, um meine Eltern nicht zu belasten oder um Ärger zu entgehen. Vielleicht auch wegen beidem, ich weiß es nicht. Wenn ich genau wie alle anderen wäre, dann wäre es nie zu dem Mobbing gekommen. Denn dann hätte ich nie eine Angriffsfläche geboten. Ich wandte mich wieder an den Fremden. „Aber es ist einfacher, sich anzupassen", fasste ich kurz meine Gedankengänge zusammen und wieder mal schüttelte der Fremde den Kopf.

„Nur so lange, bis du dir selbst ein Strich durch die Rechnung machst. Du kannst versuchen dich anzupassen und einfach keine eigene Persönlichkeit entwickeln. Aber so wirst du nicht glücklich, du betrügst dich damit nur selbst und das geht auf Dauer nie gut. Du kannst dich nicht selbst belügen, ohne dabei kaputtzugehen."

„Ich will ja auch ich selbst sein, aber anscheinend ist mein wirkliches Ich nicht gut genug", sprach ich meine Zweifel direkt aus, denn natürlich hatte der Fremde irgendwo recht, aber wenn man sich verstellen musste, damit einen die anderen nicht verletzen, was dann? Wieder unterbrach der Fremde meine Gedanken.

„Für wen? Für ein paar Idioten, die zufällig in deiner Klasse sind? Die Leute, die dich nicht so akzeptieren, wie du bist, brauchst du nicht. Wahre Freunde sind die, die dich ganz genau kennen und dich gerade deswegen mögen."

Und jetzt mischte sich auch Lucy wieder ein. Ich hatte in der Zwischenzeit fast vergessen, dass sie noch zuhörte.

„Nur weil deine Mitschüler etwas sagen, muss es ja nicht stimmen. Die kennen dich nicht im Geringsten, also wie können sie da über dich urteilen. Die sollen erst mal deinen Weg gehen und glaub mir, dann sagen die gar nichts mehr."

Ich war überrascht über ihre Worte, denn eigentlich war sie doch meine kleine Cousine, doch sie schien mehr mitzubekommen und zu wissen, als ich vermutet hatte. Doch wieder konnte ich nicht lange in meinen Gedanken versinken, denn wieder erhob der Fremde seine Stimme.

„Wichtig ist, dass du mit deinem Leben klarkommst. Dass du selbst mit dem einverstanden bist, was du machst. Sei du selbst, denn alle anderen gibt es schon. Du bist nicht geboren, um wie alle anderen zu sein. Jeder Mensch ist individuell und einzigartig. Und das ist gut so. Es ist dein Leben, deine Geschichte. Lass deine Geschichte nicht von anderen schreiben! Lebe dein Leben so, wie du es willst. Fang an deine Geschichte zu schreiben. Werde die Hauptrolle in deinem Leben und lass dich nicht fremdbestimmen. Niemand von ihnen hat das Recht, über dich zu richten! Du willst doch noch so vieles erleben und es kommt noch so viel Schönes. Vom Schulabschluss bis zur Hochzeit, Geburtstage, irgendwann eigene Kinder, Enkelkinder, neue Freunde, ein spannender Job und viel mehr. Du könntest noch so viel machen und ausprobieren. Willst du das alles verpassen?" Natürlich wollte ich das alles nicht verpassen und er hatte auch recht, doch vorhin hatte ich einfach nicht daran gedacht, nicht daran denken wollen. Noch einmal meldete Lucy sich zu Wort.

„Du bist ein ganz besonderer Mensch und ich hab dich total lieb."

Jetzt musste ich lächeln und drückte Lucy noch etwas enger an mich. Sie war wirklich ein ganz besonderes Mädchen und in diesem Moment war ich so froh, dass mein Sprung verhindert worden war. Ich sah die beiden dankbar an, doch dann kamen wieder die Bedenken, wie es weitergehen sollte.

„Ihr habt ja recht", gab ich zu, doch ich äußerte auch direkt meine Bedenken. „Aber ich kann das nicht mehr. Ich kann nicht mehr jeden Morgen in diese Schule gehen. Das schaff ich einfach nicht."

Und ich meinte es auch so. Ich hatte riesige Angst, was sie sich als Nächstes einfallen lassen würden und Helens Verhalten verletzte mich auch immer noch. Mit jedem Tag mehr. Lucy grinste mich einfach an.

„Dann wechsel doch einfach die Schule."

Da war wieder das naive kleine Mädchen. Wie stellte sie sich das denn vor?

Fast belustigt fragte ich: „Kurz vor den Prüfungen?"
Denn ich war ja schließlich in der Abschlussklasse. Da konnte ich doch nicht einfach so wechseln.
Lucy kommentierte das nur mit „Sind doch überall die Gleichen".
Ich schüttelte grinsend den Kopf, doch der Fremde schien nachzudenken, dann meinte er: „Also wenn du willst, kann ich mit dem Rektor des Gymnasiums im Nachbarort sprechen. Ich kenn den ganz gut und der hat in dem Fall bestimmt Verständnis." Ich gab mein Einverständnis, schließlich hatte ich nicht wirklich was zu verlieren. Zwar bedeutete die andere Schule, dass ich mit dem Bus oder ungefähr eine halbe Stunde mit dem Fahrrad fahren musste, aber das würde ich in Kauf nehmen. So weit war es dann doch nicht und ich wollte mir nicht ausmalen, wie es in meiner jetzigen Schule weitergehen würde. Da konnte ich ein gutes Abitur quasi vergessen. Jetzt musste ich das Ganze nur meinen Eltern erklären. Das konnte eventuell nicht ganz einfach werden, schließlich hatte ich ihnen nicht einmal von dem Mobbing erzählt. Ich hatte mich schlicht nicht getraut, wusste nicht, ob sie mich verstehen würden. Und auch jetzt war ich mir unsicher, ob Mobbing für sie einen Schulwechsel rechtfertigte. Ich wusste auch nicht, wie viel ich ihnen erzählen wollte und konnte, aber ganz bestimmt nicht alles und auch nicht im Detail. Ich wollte nicht, dass sie erfahren, wie schlecht es mir ging und was alles ohne ihr Wissen passiert war.

Kapitel 5

Ich hatte mich noch kurz von dem Fremden und Lucy verabschiedet, die heute nicht den Nachmittag bei mir verbringen würde. Ich hoffte nur, dass meine Tante sich keine Sorgen um ihre Tochter machte, da diese heute etwas später nach Hause kam. Ich wollte auch nicht, dass sie erfuhr, was hier passiert war, und hatte Lucy darum gebeten, nur zu sagen, dass sie mich getroffen hatte. Sie meinte, dass das kein Problem sei und so machte ich mich auf den Weg nach Hause. Meine Eltern würden eh erst gegen Abend von der Arbeit heimkommen und Ina hatte, genau wie ich eigentlich, heute Mittagsschule. So hatte ich noch ein bisschen Zeit für mich. In dieser Zeit informierte ich mich über meine hoffentlich neue Schule. Überrascht stellte ich fest, dass sie einen deutlich besseren Ruf hatte als meine jetzige. Sie bot mir viel mehr Möglichkeiten und hatte einen wirklich guten Internetauftritt. Vielleicht würde es gar nicht so schwer werden, meine Eltern zu überzeugen.

Irgendwann platzte Ina dann in mein Zimmer und ich sah sie genervt an. Zu ihr hatte ich bei weitem kein gutes Verhältnis mehr, da ich ganz genau wusste, dass sie das mit der blöden Kette ins Rollen gebracht hatte und sie es immer noch nicht zugegeben hatte. Ich hasste sie dafür.

„Noch nichts von Anklopfen gehört?", schnauzte ich sie direkt an.

Sie grinste nur.

„Warum warst du heute nicht in der Schule?",
fragte sie etwas gehässig und nervte mich damit
noch mehr.

Anscheinend wollte sie unseren Eltern auch noch
auf die Nase binden, dass ich die Schule
geschwänzt hatte.

„Ich war in der Schule, hatte aber Kopfschmerzen
und jetzt verschwinde aus meinem Zimmer", fuhr
ich sie an und benutzte damit die gleiche Ausrede,
die auch sie benutzt hatte. An dem Tag, als Helen
mich wegen der Kette beschuldigte.

Zu meinem Erstaunen senkte Ina den Kopf und
verließ ohne weiteren Kommentar mein Zimmer.
Sie wirkte fast etwas enttäuscht, doch ich wollte
nicht weiter darauf eingehen und hörte noch ein
wenig Musik, bis meine Eltern heimkamen. Musik
war eines der wenigen Dinge, die mir momentan
halfen. Ich konnte abschalten und so dem
Gedankenkarussell in meinem Kopf Einhalt
gebieten.

Sofort, als meine Eltern nach Hause kamen, ging
ich zu ihnen und fragte, ob ich kurz mit ihnen
reden konnte. Sie waren etwas überrascht,
schließlich hatte ich die letzten Wochen kaum mit
ihnen geredet, eigentlich nur, wenn es nicht anders
möglich war.

Jetzt saßen wir gemeinsam im Wohnzimmer und
ich eröffnete ihnen, dass ich die Schule wechseln
wollte. Meine Mutter sah mich irritiert an.

„Etwa wegen deines Streits mit Helen? Das ist doch
kein Grund, gleich die Schule zu wechseln."

War ja klar, dass sie wieder auf das Thema zu
sprechen kam. Wahrscheinlich dachte sie immer

noch, dass ich diese Kette geklaut hatte. Aber das durfte mich jetzt nicht interessieren. Es gab ein viel wichtigeres Thema zu besprechen. Ich sah meine Mutter ernst an

„Nein, nicht wegen Leni. Ich werde gemobbt. Deswegen."

Ja, ich benutzte den Spitznamen immer noch. Anders konnte und wollte ich nicht. Auch wenn ich ab und an ihren richtigen Namen sagte, doch komplett mit dem Spitznamen aufzuhören, fühlte sich falsch und viel zu endgültig an.

Meine Eltern sahen mich zunächst nur erstaunt an, bis mein Vater meinte: „Und seit wann? Meinst du nicht, das eine Jahr bekommst du noch rum? Ist ja nicht so lang."

Ich schaute kurz zu Boden und überlegte wieder, wie viel ich erzählen konnte. Und wie viel ich erzählen musste, um eine Zustimmung zu bekommen. Dann schaute ich wieder auf.

„Seit ungefähr zwei Monaten und ich pack das keinen Tag länger", sagte ich und blinzelte die Tränen weg, die mir beim Gedanken an die letzten Wochen in die Augen traten. Wieder antwortete mein Vater.

„Und wie stellst du dir das vor? Du kannst doch nicht mitten im Jahr einfach wechseln."

Ich merkte, dass er es nicht verstand, doch ich versuchte es weiter. Es musste einfach irgendwie klappen. Ich musste raus aus dieser Schule, sonst ging ich kaputt.

„Papa, ich wechsel nicht einfach so. Die machen mich fertig und ich hab Angst, in die Schule zu gehen."

Jetzt sahen mich meine Eltern leicht ungläubig an. Mit diesem Ausmaß hatten sie wohl beide nicht gerechnet und von uns allen unbemerkt hatte meine Schwester das Zimmer betreten und mischte sich ein.

„Es ist wirklich schlimm. Ihr solltet Isa erlauben, die Schule zu wechseln."

Überrascht sah ich zu Ina, doch die schien wirklich so, als wollte sie mich einfach unterstützen. Auch wenn ich das nicht so recht glauben konnte, nahm ich diese Unterstützung gerne an und auch meine Eltern lenkten jetzt ein.

„Okay, wenn du das alles hinbekommst und eine andere Schule dich aufnimmt, dann kannst du wechseln", sagte meine Mutter und ich bedankte mich und verließ, gefolgt von Ina, das Wohnzimmer.

Die hielt mich kurz am Arm fest und schaute mich an.

Dann sagte sie: „Es tut mir leid, was da in der Schule abläuft." Doch bevor ich darauf reagieren konnte, verschwand sie in ihr Zimmer und ließ mich überrascht zurück. Wo kam das denn jetzt her? Hatte sie wirklich so viel Einsicht? Na ja gut, wir waren auch einfach immer noch Schwestern und mir würde es auch leidtun, wenn man sie mobben würde und auch wenn ich sie für ihre Aktion hasste, liebte ich sie doch irgendwie noch. Das würde sich wohl nie ändern.

Mit diesem Gedanken im Kopf ging ich in mein Zimmer. Eigentlich wäre jetzt schon bald Zeit zum Schlafen, doch wirklich müde war ich nicht. Ich schnappte mir ein Buch und warf mich auf mein Bett. Gegen ein Uhr nachts versuchte ich es doch noch mit Einschlafen, doch es klappte nicht. Immer wieder wälzte ich mich von einer auf die andere Seite. Mein Kopf war voll mit Gedanken und Ängsten. Noch war ich auf meiner alten Schule und ob ich wirklich wechseln konnte, war nicht sicher, wenn nicht sogar unwahrscheinlich. Da konnte der Fremde sagen, was er wollte. Ich war einfach in der Abschlussklasse. Wie sollte es denn weitergehen? Und wie könnte es an der neuen Schule laufen? Aber eine Frage blitzte immer wieder in aller Deutlichkeit auf. Was sollte ich machen, wenn ein Schulwechsel nicht möglich war?

Mit der Absicht, mir noch etwas zu trinken zu holen, ging ich in die Küche, doch statt zu den Gläsern griff ich zum Küchenmesser. Ich hatte schon einmal davon gehört, mich gefragt, warum Menschen so etwas machten, und fragte mich gleichzeitig, ob es vielleicht helfen würde, während ich vorsichtig mit dem Daumen über die Klinge strich. Kurzentschlossen zog ich mich mitsamt dem Messer ins Bad zurück. Ohne groß nachzudenken, legte ich das Messer an mein Handgelenk, ich wollte einfach Druck ablassen, wollte die Schmerzen spüren, mich selbst dafür bestrafen, dass alles so falsch lief. Langsam übte ich Druck aus und schnitt mir in die Haut. Nur ganz kurz, dann wurde mir richtig bewusst, was ich gerade tat. Erschrocken ließ ich das Messer los und wich einige Schritte zurück, als ob das Messer giftig sei oder mich verbrannt habe. Mein Puls schoss in die Höhe und ich atmete hektisch. Tränen liefen mir über die Wange und ich blickte immer wieder von meinem Handgelenk zum Messer. Es blutete nicht richtig, aber ein Abdruck war zu sehen. Was hatte ich gerade gemacht? Es war wie ein Rausch gewesen und ich war erschrocken über mein Verhalten.

Leise, damit es auch ja keiner merkte, brachte ich das Messer zurück in die Küche, spülte es ab und schlich mich dann wieder zurück in mein Zimmer. Dort schmiss ich mich auf mein Bett und begann heftig zu weinen. Ich rollte mich zusammen und umschlang meine Knie mit den Armen. War es wirklich so weit gekommen? Hatten es meine Mitschüler mit ihren doofen Sprüchen geschafft, mich so fertigzumachen. Hatten sie es geschafft, dass ich mich selbst zerstören wollte? Das wollte ich nicht. Ich wollte ihnen diese Macht über mein Leben nicht geben. Keiner sollte diese Macht über mein Leben haben außer mir.

Am nächsten Tag hielt ich an meinem Entschluss fest. Ich zog mir einen dunklen Kapuzenpulli über und zog mir die Kapuze tief ins Gesicht. Keiner sollte mein Gesicht sehen, niemanden gingen meine Gefühle etwas an. Für niemanden an dieser Schule war ich mehr erreichbar. So ging ich in die Schule, ignorierte jeden und achtete nur auf den Unterricht. Das hier war mein Leben und das ließ ich mir von keinem nehmen. Ich wusste, dass sie über mich redeten und es war nicht so, dass mich das kaltließ, doch ich zeigte es ihnen nicht. Das ging sie schlicht nichts an. So vergingen einige Tage, an denen ich auf keinen an meiner Schule mehr achtete, bis ich tatsächlich die Bestätigung bekam, dass ich die Schule wechseln durfte.

Kapitel 6

Und so stand ich jetzt in meiner neuen Schule, um genau zu sein, im Foyer meiner neuen Schule und suchte das Sekretariat. Andere Schüler zu fragen, traute ich mich irgendwie nicht, ich konnte einfach nicht auf sie zugehen. Aber ich war auch nicht hier, um Freunde zu finden, sondern um meinen Abschluss zu machen. Also einfach nicht auffallen und in der Schülermasse untergehen. Gerade als ich mich nach einer Wegbeschreibung umschaute, kam ein Mädchen auf mich zu. Sie war vielleicht ein bisschen jünger als ich, hatte schulterlange schwarze Haare, hatte eine sportliche Statur und trug auffällige Klamotten. Anders konnte ich die bunten Kleidungsstücke, die komischerweise trotzdem zusammenpassten, nicht definieren. Freundlich lächelte sie mich an und fragte mich, ob ich neu hier wäre. Ich bestätigte das und nutzte direkt die Chance, nach dem Sekretariat zu fragen. Sie erklärte sich bereit, mich zum Sekretariat zu begleiten und begann mir auf dem Weg alles Mögliche zu erzählen. Dabei strahlte sie so viel Fröhlichkeit aus, dass es fast ansteckend war und irgendwann hatte ich wahrscheinlich ein genauso breites Lächeln im Gesicht wie sie. Sie hieß Kira und war zwei Klassen unter mir und erzählte mir von den verschiedenen Lehrern und Schülern. Als wir vor der Tür des Sekretariats standen, hatte ich das Gefühl, ich kannte jetzt alle spannenden Geschichten, die hier in den letzten Jahren vorgefallen waren. Dabei war der Weg gar nicht mal so lang gewesen.

Ich klopfte an und bekam von der älteren Dame, der Sekretärin, gesagt, wo und bei wem ich jetzt Unterricht hatte. Als ich das Zimmer verließ, stellte ich überrascht fest, dass Kira auf mich gewartet hatte.

Um mir den Weg zu meinem Unterricht zu erklären, war ihre Begründung. Ich konnte nicht direkt sagen warum, aber es berührte mich sehr, dass dieses Mädchen an mich gedacht hatte und extra gewartet hatte, um mir zu helfen. Kurz erklärte ich ihr, wo ich hinmusste und wen ich als Lehrer hatte und sie erklärte mir freudestrahlend, dass ich in der Klasse von ihrem großen Bruder Liam war, zu dem sie sowieso noch musste. Dementsprechend begleitete sie mich wieder und auch diesmal konnte sie den Mund nicht halten. Doch es störte mich nicht. Ich freute mich, dass sie so auf mich zuging und keine Ablehnung zeigte. Vielleicht würde ich ja doch Freunde hier finden, auch wenn sie jünger war als ich, das sollte kein Problem sein. Wir blieben vor einer Zimmertür stehen, dort waren auch schon einige andere Schüler in meinem Alter und mir wurde klar, dass dies meine neue Klasse war. Jetzt war ich doch nervös. Ich hoffte nur, dass ich hier keine Probleme bekommen würde. Misstrauisch schaute ich zu ein paar Schülern, die miteinander tuschelten. Redeten die über mich? Und sofort überlegte ich, ob irgendwas an mir heute komisch aussah. Ich trug, wie seit neuestem immer, ein dunkles Sweatshirt mit Kapuze, die ich allerdings heute nicht aufhatte, und eine dunkle Jeans. Vielleicht war das etwas zu dunkel, aber ich wollte es so und hoffte, dass ich so möglichst wenig Angriffsfläche bot.

Ich war noch ganz in Gedanken, als ein Schüler auf uns zukam und ich konnte gleich erkennen, dass es sich um Kiras Bruder handeln musste. Er hatte die gleiche Haarfarbe und ungefähr dieselbe Gesichtsform, außerdem dieselben leuchtenden blauen Augen. Im Gegensatz zu ihr trug er jedoch eher unauffällige Kleidung. Kira begrüßte ihren Bruder und wollte mich vorstellen, doch dann stockte sie. Natürlich, sie wusste ja meinen Namen noch nicht, also wandte ich mich jetzt selbst an ihn.

„Hi, ich bin Isi."

Aus Routine stellte ich mich mit meinem Spitznamen vor. Der Junge lächelte.

„Ich bin Liam, Kiras großer Bruder und, so wie es aussieht, einer deiner neuen Klassenkameraden. Tut mir leid, wenn dich meine Schwester zu sehr zugetextet hat. Dafür hat sie ein Talent."

Ich grinste nur und wollte Kira schon in Schutz nehmen, doch die hatte noch ein ganz anderes Thema, denn sie übergab Liam ein Heft und erklärte ihm grinsend, dass er es wohl aus Versehen zuhause vergessen habe. Er schüttelte leicht den Kopf und meinte nur: „Du weißt doch, dass ich nie etwas aus Versehen vergesse."

Daraufhin begann Kira zu lachen, meinte, dass sie das wisse, aber er wohl selbst schuld sei, wenn er seine Hausaufgaben nicht machte. Auch ich musste jetzt lachen und Liam grinste ebenfalls. Die beiden verstanden sich wohl deutlich besser, als ich mich mit meiner Schwester.

Kira musste allerdings auch selbst noch zum Unterricht und verabschiedete sich, indem sie mich kurz in eine Umarmung zog, die ich etwas perplex erwiderte. So etwas war mir noch nie passiert. Normalerweise umarmte ich nur Leute, die ich schon länger kannte, aber mir gefiel Kiras Art.

Liam grinste mich immer noch an und meinte dann: „Sorry, meine Schwester ist manchmal etwas stürmisch."

Ich erwiderte nur ein „Passt schon", denn sosehr ich auch überrascht gewesen war, so sehr hatte ich es auch genossen. Es zeigte mir, dass es vielleicht doch nicht nur an mir lag, dass ich gemobbt wurde und dass ich wohl doch nicht so schlimm war. Liam schlug mir vor, mich noch ein paar Leuten vorzustellen und so lernte ich seine Freunde kennen und zu meinem Erstaunen nahmen sie mich alle sofort freundlich auf. Über den Tag merkte ich, dass Liam ziemlich beliebt an der Schule war und da er sich den ganzen Tag um mich kümmerte, lernte ich auch schnell viele Leute kennen. Auch die Lehrer waren sehr nett und die Mittagspause verbrachte ich ebenfalls mit Liam und seinen Freunden. Und wieder einmal wurde ich überrascht, als Kira mit ein paar Freunden dazukam, um ebenfalls mit uns die Pause zu verbringen. Anscheinend waren sie eine feste Clique, doch ich hatte keine Schwierigkeiten, da reinzukommen.

Ich hatte solche Angst vor der Mittagspause gehabt, da ich niemanden kannte und mich auch an dieser Schule nicht auskannte, doch irgendwie hatte sich alles zum Guten gewendet. Als wir uns dann auf den Heimweg machten, stellten wir fest, dass Liam und Kira aus dem gleichen Ort wie ich kamen. Ihre Eltern hatten sich allerdings schon früh entschieden, ihre Kinder auf die Schule im Nachbarort zu schicken, da diese einfach den besseren Ruf hatte. So war auch relativ schnell beschlossen, dass ich ab jetzt immer mit Liam zusammen mit dem Fahrrad zur Schule und wieder heimfahren würde. Heute fuhr ich allerdings noch mit dem Bus, da ich heute früh nicht alleine die weite Strecke mit dem Fahrrad fahren wollte.

Die Bushaltestelle, an der ich aussteigen musste, war jedoch ausgerechnet jene, die ich und Helen immer als unsere Bank bezeichnet hatten. Das Hochgefühl, das ich bis dahin noch hatte, wich sofort und traurig dachte ich an Helen zurück. Ich wollte sie nicht als Freundin verlieren, doch ich wusste nicht, wie ich auf sie zugehen sollte. Natürlich hätte ich sie anrufen oder sie einfach besuchen können, doch irgendetwas hielt mich davon ab. War es mein Stolz? Oder die Angst, erneut enttäuscht oder verletzt zu werden? Ich wusste es einfach nicht. Wahrscheinlich war es eine Mischung aus beidem.

Zuhause angekommen, schaute ich mir die Schulunterlagen, die ich bekommen hatte, durch und stellte fest, dass ich mir bei einigen Themen nicht sicher war, ob und wie weit ich sie an meiner alten Schule behandelt hatte. Ich beschloss, Liam am nächsten Tag zu fragen, ob er ein bisschen was mit mir durchgehen würde. Zum ersten Mal seit langem hatte ich keine Panik, als ich an den nächsten Schultag dachte und auch wenn ich mir noch nicht ganz sicher war, ob es wirklich so positiv weitergehen würde, freute ich mich.

Zu meinem Erstaunen blieb es tatsächlich so positiv und ich verstand mich jeden Tag besser mit Liams Freunden oder, besser gesagt, mit meinen neuen Freunden. Ich traf mich auch oft mit Liam, damit er mir mit dem Unterrichtsstoff helfen konnte. Ich hatte nämlich tatsächlich ein paar Lücken im Stoff, doch Liam war ein guter Nachhilfelehrer. Oft verbrachte ich die Nachmittage im Nachbarort mit meinen neuen Mitschülern und ich konnte sagen, dass ich deutlich glücklicher war. Auch meine Eltern merkten das. Und sprachen es auch ein-, zweimal an. Schließlich redete ich wieder mit ihnen und verkroch mich nicht mehr ständig in meinem Zimmer. Inzwischen waren sie froh, dass sie den Schulwechsel erlaubt hatten.

Jetzt konnte ich nicht mehr richtig nachvollziehen, dass ich tatsächlich von dieser Brücke springen wollte und auch dass ich mich fast geritzt hatte, wirkte inzwischen beinahe irreal. Über das Mobbing, Helen und die Kette sprach ich mit niemandem, doch ich hatte es nicht vergessen. Immer wieder kam es hoch. Wenn ich mit meinen Freunden unterwegs war, wünschte ich mir oft, sie wäre ebenfalls dabei. Ich vermisste Helen schrecklich, doch ich konnte mich nicht bei ihr melden. Ich schaffte es einfach nicht, traute mich nicht. Ich merkte auch, dass ich beinahe erschrak, wenn jemand in meiner Nähe tuschelte oder lachte.

Immer hatte ich Angst, dass es an mir lag. Auch in den Weihnachtsferien verbrachte ich viel Zeit mit meinen neuen Freunden und in meiner Familie war alles etwas entspannter. Und an Weihnachten schafften Ina und ich es sogar, uns für die gesamten Feiertage nicht zu streiten.

An Silvester war ich von Liam zu einer Silvesterparty mit seinen Freunden eingeladen. Auch wenn mich das wieder etwas traurig stimmte, denn die letzten Jahre hatte ich Silvester immer mit Helen verbracht. Es hatte damit angefangen, als sie mit zwölf bei uns feiern durfte und von da an waren wir immer abwechselnd mal bei ihrer und mal bei meiner Familie. Trotzdem ging ich zu der Party und wir hatten alle sehr großen Spaß.

Ein paar Tage nach den Weihnachtsferien war ich wie immer mit Liam auf dem Heimweg. Und da immer noch kein Schnee gefallen war und die Temperaturen für Januar erstaunlich warm waren, waren wir auch mit den Fahrrädern unterwegs.

Wir schoben unsere Fahrräder, weil es sich so einfacher reden ließ. Manchmal hatten wir einfach solche Tage, an denen wir viel miteinander redeten und wenn es einfach nur der größte Schwachsinn war. Teilweise schmiedeten wir irgendwelche verrückten Zukunftspläne, wie eine Firma zu gründen, obwohl wir keine Ahnung hatten für was, oder auszuwandern, nur um mal am Meer gewohnt zu haben.

Außerdem führte uns unser Weg durch den Park und hier war es einfach angenehmer zu laufen. Irgendwann stellte mir Liam dann die Frage, die ich irgendwie schon erwartet hatte und vor der ich tatsächlich etwas Angst hatte, da ich nicht wusste, was ich ihm darauf antworten sollte.

„Warum hast du eigentlich mitten im Abschlussjahr die Schule gewechselt? Umgezogen bist du schließlich nicht."

Ich schluckte. Konnte ich ihm die Wahrheit sagen? Bestimmt nicht, er sollte das nicht erfahren. Vielleicht schämte ich mich dafür, dass der Grund so banal war. Mobbing. War es denn wirklich so schlimm? War es wirklich ein Grund für einen Schulwechsel mitten im Abschlussjahr? Doch vor allem hatte ich Angst.

Angst vor seiner Reaktion.

Angst, dass sich alles wiederholen würde.

Angst, dass mein Geheimnis auch hier rauskommen würde.

Also wich ich dem Thema aus.

„Das ist nicht so interessant."

Ich überlegte kurz, wie ich jetzt von dem Thema ablenken konnte und mir fiel sogar etwas ein.

„Sag mal, wolltest du dich nicht heute noch mit Tobi treffen? Wird das nicht etwas spät, wenn wir hier so langsam rumlaufen?"

„Stimmt, allerdings muss der ja auch erst nach Hause gehen. Aber jetzt wo du es sagst, ich wollte ihn noch anrufen."

Wir blieben stehen, dann griff er zu seinem Handy, nur um es direkt genervt wieder wegzustecken.

„Mist, Akku leer", zischte er und sofort zog ich mein Handy aus der Tasche.

Tobi war in meiner Klasse und gehörte zu Liams Clique, zu der ich ja inzwischen ebenfalls gehörte, also hatte ich auch seine Handynummer. Ich entsperrte es und drückte es Liam in die Hand.

Nachdem er mit Tobi eine Uhrzeit für sein Treffen ausgemacht hatte, legte er auf und schaute auf mein Handy. Da fiel es mir ein. Natürlich, ich hatte mein Hintergrundbild noch nicht geändert. Es war immer noch ein Bild von Helen und mir Arm in Arm an einem Strand. Das Bild war letztes Jahr im Sommer entstanden, als ich mit Helens Familie mit in den Urlaub fahren durfte. Wir waren für zwei Wochen in Italien und wir hatten unglaublich viel Spaß gehabt. Damals waren wir noch davon überzeugt, dass nichts unsere Freundschaft zerstören konnte und sie auf ewig halten würde. Wie sehr wir uns getäuscht hatten.

Liam fragte auch direkt, wer das auf dem Bild war und ich entriss ihm das Handy.

„Nicht so wichtig, das wollte ich eh noch ändern", gab ich knapp Auskunft.

Liam schaute mich überrascht und fragend an, also gab ich doch noch ein bisschen mehr preis.

„Das ist Helen, meine ehemalige beste Freundin."

Ich stolperte fast über das Wort ehemalige und auch Liam griff es auf.

„Warum ehemalig?", fragte er, doch ich wollte ihm diese Information nicht geben.

Ich hatte es bis jetzt noch keinem erzählt und wollte es auch erst mal dabei belassen. Deswegen versuchte ich ihn mit einem „Das ist eine lange Geschichte" abzuwimmeln, doch er ließ nicht locker.

„Ach komm schon, Isi, mir kannst du das doch erzählen", bettelte er und hatte dabei einen Hundeblick aufgesetzt. Irgendwie hatte ich das Gefühl, er wollte mir sagen, dass ich ihm vertrauen sollte. Und damit schaffte er es, mich zu überreden. Ich entschied mich für eine Kurzform und erzählte stockend.

„Also gut, ich ... also Helen war lange Zeit meine beste Freundin ... und sie ist mehr oder weniger mit schuld daran, dass ich die Schule gewechselt hab, weil ... also nur sie wusste von meinem Geheimnis, dann hat sie es weitererzählt, weil sie irgendwie der festen Überzeugung ist, ich hätte ihre Kette gestohlen. Was ich natürlich nie machen würde. Dann hat sie halt rumerzählt, dass ich schon mal geklaut hab und dann haben mich alle als Diebin bezeichnet. Niemand wollte mehr was mit mir zu tun haben und ständig sind sie auf mich losgegangen. Deswegen habe ich die Schule gewechselt."

Ich merkte, dass ich Liam damit wahrscheinlich leicht verwirrt hatte, vor allem da ich zum Ende hin immer schneller geworden war, doch er schien zu verstehen, dass ich nicht mehr erzählen würde.

„Isi, das tut mir total leid, meinst du nicht, du und deine Freundin, ihr bekommt das wieder hin, ich meine, wenn ihr schon so lange und gut befreundet wart?"

Hatte er das gerade wirklich gefragt? Ich sollte mit der einfach so wieder befreundet sein? Verstand er denn nicht, dass mich Helen verletzt hatte? Dass es da erst einiges zu klären gab? Helen hatte sich scheiße verhalten, da sollte mal zuerst eine richtige Entschuldigung kommen. Und erst jetzt merkte ich, wie wütend ich eigentlich noch auf meine ehemalige beste Freundin war.

„Mit der wieder befreundet sein? Nein, das kann ich nicht. Sie hat nicht zu mir gehalten. Sie hat mir zugetraut sie bestohlen zu haben", gab ich also direkt zurück und merkte, wie die Wut in mir immer weiter hochkochte. Und Liam machte es nicht besser. „Natürlich, das ist schlimm und tut weh, aber vielleicht würde es dir guttun, ihr und den anderen zu verzeihen."

Hatte er wirklich verzeihen gesagt? Ich sah rot, fühlte mich unverstanden und das wirkte sich auf meine Stimme aus. Ich wurde laut.

„Verzeihen? Wie kommst du jetzt auf sowas? Die haben mich fertiggemacht und das soll ich jetzt hinnehmen? Die haben Fehler gemacht und ich soll jetzt sagen, alles ist gut? Das ist garantiert das Letzte, was ich tun werde."

Sofort versuchte Liam mich zu beruhigen.

„So war das doch gar nicht gemeint! Ich meine nur, dass es dir helfen würde. Ich kann verstehen, wie du dich fühlst, aber ..." Doch leider bewirkten seine Worte das Gegenteil von seinem Plan und ich unterbrach ihn direkt.

„Du willst das also verstehen können? Du mit deinem Bilderbuchleben, den vielen Freunden, dem Einser-Zeugnis und der perfekten Familie. Du hast doch keine Ahnung, was echtes Leid bedeutet!"

Kaum hatte ich es gesagt, bereute ich es schon, doch bevor ich es zurücknehmen konnte, wurde jetzt Liam laut.

„Ich hab also keine Ahnung? Ist dir vielleicht schon mal aufgefallen, dass auf unseren Familienfotos noch ein Kind zu sehen ist? Und ist dir aufgefallen, dass diese Bilder alle schon über eineinhalb Jahre alt sind? Dass niemand über diesen Jungen spricht? Von dem ich nicht einmal weiß, ob er noch lebt! Also erzähl du mir nichts von perfekter

Familie!", schrie er mich an und ich erschrak. Ja, die Bilder waren mir aufgefallen, doch ich hatte mich nicht getraut zu fragen. Irgendwie hatte ich gespürt, dass sich dahinter eine traurige Geschichte verbarg. Sofort wurde ich ruhiger und stockte beim Reden.

„Liam, das ... das hab ich nicht gewusst ...", brachte ich nur heraus.

„Ach echt?!", warf er mir nun entgegen.

Wieder versuchte ich etwas zu sagen, mich zu entschuldigen. Doch ich wusste nicht, was ich sagen sollte und so kamen nur gestotterte Worte über meine Lippen.

Mit einem „Lass gut sein, Louisa" drehte Liam sich um und verschwand. Ohne sein Fahrrad, das er genau wie ich mitten im Gespräch fallen lassen hatte. Ich rief ihm hinterher, dass er bleiben sollte. Das hatte ich doch so nicht gewollt. Überhaupt hatte ich das auch gar nicht sagen wollen. Ich war nur so wütend gewesen und hatte ihm an den Kopf geworfen, was mir spontan eingefallen war. Und ja, da war der Neid auf seine Familie, seine Freunde und seine schulischen Leistungen. Dagegen konnte ich nichts machen, sosehr ich es wollte, doch ihm das so zu sagen war nicht in Ordnung gewesen und stimmte ja auch nicht ganz. Ich wusste selbst nicht, warum ich so ausgerastet war. Plötzlich spürte ich eine Hand auf der Schulter. Wieder war der Fremde quasi aus dem Nichts aufgetaucht. Und natürlich auch wieder in seinem üblichen Outfit.

„Du bist ja echt ständig im Park", war sein Kommentar. Etwas irritiert von seinem erneuten Auftauchen, fragte ich ihn, ob er mich verfolgen würde. Er verneinte dies und meinte dann: „Ich geh nur häufig zu der Brücke, die, wie du weißt, nicht allzu weit entfernt ist. Irgendjemand muss da ja aufpassen."

Ich wollte wissen, was er damit meine, doch er ging nicht darauf ein. Stattdessen fragte er mich, ob das gerade eben Liam gewesen sei, ich konnte es nur schnell bestätigen, da fragte er schon, ob es um seinen Bruder gehe. Ich nickte, denn ich vermutete, dass Liam mit diesem weiteren Jungen auf den Bildern seinen Bruder meinte. Auch wenn ich bis jetzt nichts von ihm gewusst hatte. Der Fremde meinte nur, dass wir uns schnell zur Brücke begeben sollten. Ohne weitere Erklärung lief er los und ich folgte ihm mit einem mulmigen Gefühl. Sollte Liam jetzt etwa auf die gleiche bescheuerte Idee wie ich gekommen sein? An der Brücke angekommen, bestätigten sich meine Befürchtungen, denn Liam stand auf dem Geländer und starrte in das Wasser. Jetzt sprach der Fremde wieder mit mir. „Er wird nicht springen, das hat er nie wirklich in Betracht gezogen, aber er braucht Hilfe, da wieder runterzugehen." Ich nickte, denn ich hatte verstanden. Er brauchte jetzt jemanden, der ihm zeigte, dass er nicht alleine war und ihm half aus seinem Gedankenkarussell auszusteigen. Deswegen ging ich jetzt langsam auf Liam zu. Dabei begann ich zu reden.

„Wir scheinen einiges gemeinsam zu haben. Wusstest du, dass ich auch schon ein paar Mal da oben stand."

Vorsichtig kletterte ich ebenfalls auf das Geländer und stellte mich neben Liam. Ich konnte nicht sagen warum, aber es fühlte sich richtig an, neben ihm zu stehen und so für ihn da zu sein. Dann redete ich weiter, während wir nun beide auf den Fluss unter uns starrten.

„Es ist irgendwie ein gutes Gefühl, es in der Hand zu haben." Und ich wusste, dass er verstand, was ich meinte, als er antwortete.

„Ich will nicht springen, aber die Möglichkeit zu haben, ist irgendwie ... es hilft."

„Wenn alles zerbricht und man nichts mehr unter Kontrolle hat, hilft es wenigstens, das in der Hand zu haben", flüsterte ich daraufhin, dann blieben wir für einen kurzen Moment einfach stumm nebeneinander stehen, bis ich wieder das Schweigen brach.

„Liam, das, was ich da gesagt hab, es tut mir voll leid, ich ... ich hab das alles nicht so gemeint und ich hätte das alles auch nie sagen dürfen. Es war nur ... ich hab mich da halt total reingesteigert und dann hab ich nicht mehr nachgedacht. Das ... das war echt nicht so gemeint. Es tut mir wirklich leid. Ich denke auch nicht so von dir. Kannst du mir irgendwie verzeihen?", entschuldigte ich mich jetzt endlich für meinen Ausbruch von vorhin.

Ich wusste, dass ich unfair gewesen war, aber in diesem Moment hatte sich einfach alle angestaute Wut entladen und leider Liam getroffen. Er schwieg, doch ich spürte, wie er sanft meine Hand nahm und sie leicht drückte. So standen wir nun Hand in Hand auf dieser Brücke und hingen unseren Gedanken nach, bis diesmal Liam das Schweigen brach.

„Er war noch so jung. Er hätte Hilfe gebraucht und ich war nicht da", sagte er frustriert und ich schaute ihn das erste Mal, seit wir hier oben standen, an.

„Meinst du nicht, wir sollten das besprechen, wenn wir sicherer stehen?", fragte ich ihn und jetzt riss auch Liam seinen Blick von dem Fluss los und sah mich an.

„Hilfst du mir hier runter?", flüsterte er und ich schaute wieder auf das Wasser.

„Wenn du mir hilfst", gab ich, ebenfalls flüsternd, von mir. Als hätte er auf dieses Stichwort gewartet, sagte Liam jetzt laut: „Eins", und ich verstand, zählte weiter: „Zwei." Er drückte noch einmal kurz meine Hand, die er immer noch hielt. Dann riefen wir zusammen: „Drei", und sprangen nach hinten, runter von dem Geländer und zurück auf die Brücke. Nicht ein Mal ließen wir unsere Hände los und ich betrachtete ihn jetzt von der Seite.

„Für einen Moment dachte ich, du springst in die andere Richtung", sprach ich meinen Gedanken aus.

„Ich bei dir auch", war seine Antwort, dann sah er mich fest an und meinte: „Nie wieder gehen wir so weit. Nie wieder auf dieses Geländer."

Ich lächelte leicht.

„Nie wieder!", stimmte ich ihm zu.

Er hatte recht. So weit wollte ich es nie wieder kommen lassen. Gemeinsam gingen wir jetzt zu der Bank, die in der Nähe der Brücke stand. Keiner von uns wollte die Hand des anderen loslassen, erst als wir saßen, lösten wir unsere Hände und fast schüchtern fragte ich nun Liam nach seinem Bruder und er begann zu erzählen.

„Mein Bruder hieß, heißt Nathan und mit dem Namen hatte er es nicht wirklich leicht in der

Schule. Bis vor zwei Jahren haben wir alles immer zusammen gemacht. Wir sind Zwillinge, auch wenn man das nicht so genau sah. Ich war immer mehr der Sportliche von uns beiden. Er war, ist kleiner und schmächtiger als ich. Viele dachten, er sei jünger als ich. Das ist er zwar auch, aber nur ein paar Minuten. Er ging auf die Kunstschule hier in der Stadt. Ich glaub, deine Cousine geht doch auch da hin."

Ich nickte kurz, es gab ja nur eine Kunstschule in der Stadt, dann erzählte Liam weiter.

„Vor zwei Jahren hab ich angefangen ihn immer öfter alleine zu lassen. Ich war einfach viel mit meinen Freunden unterwegs und er war immer nur alleine und am Zeichnen. Das konnte er auch sehr gut. Ich glaube, in der Schule hängen immer noch seine Zeichnungen. Doch die anderen Schüler fanden ihn irgendwie komisch. Er hatte große Schwierigkeiten, Freunde zu finden. Eine Gruppe von Jugendlichen hat ihn regelmäßig verprügelt und meine Eltern ... sie haben es ignoriert. Vielleicht haben sie es auch unterschätzt. Kira machte zu dem Zeitpunkt einen Schüleraustausch in London und ich war mit meinen Kumpels beschäftigt. So kam es dann vor ca. eineinhalb Jahren kurz nach unserem sechzehnten Geburtstag zur Eskalation ... Ich hab einen Abschiedsbrief von ihm gefunden. Er war weg und was genau er jetzt macht oder wo er jetzt ist ... ich weiß es nicht. Nicht mal ob er noch lebt. In dem Abschiedsbrief stand nur, dass er abhauen würde, um ein besseres Leben zu haben. Wir haben nach ihm gesucht, doch es gab keinen Hinweis, wo er sein könnte." Das schockierte mich.

Ich war oft bei Liam zuhause gewesen und hatte trotzdem keine Ahnung gehabt. Ich kannte seine Eltern und Kira. Hatte die Fotos gesehen, doch nie etwas bemerkt.

„Das, das tut mir leid … das ist echt … heftig", war das Einzige, was mir gerade einfiel. Ich war einfach viel zu schockiert.

„So viel zum Thema Bilderbuchleben", kam es wieder frustriert von Liam und wieder versuchte ich mich zu entschuldigen, doch Liam unterbrach mich.

„Schon gut, ich weiß ja, dass es nicht so gemeint war. Ich hätte einfach mehr für ihn da sein sollen", sagte er resigniert.

Er gab sich eindeutig die Schuld an dem Verschwinden seines Bruders, doch das sollte er nicht und das versuchte ich ihm auch zu erklären.

„Liam, du bist nicht schuld! Vielleicht hättest du ihn aufhalten können, aber vielleicht auch nicht. Da hängen so viele Leute dran, die Schuld hatten, diese Jugendlichen, deine Eltern, Lehrer, andere Schüler und alle anderen, die es mitbekommen haben, haben eine Teilschuld. Aber davon darfst du dich jetzt nicht fertigmachen lassen. Du kannst die Zeit nicht mehr zurückdrehen. Und wenn du willst, können wir gemeinsam versuchen herauszufinden, wo Nathan ist. Aber bitte versprich mir, dass du dich deswegen nicht mehr so fertigmachst."

Nachdenklich sah Liam mich an und ließ sich Zeit mit der Antwort.

Erst nach einer Weile meinte er: „Ich versuch es, aber dann musst du mir auch was versprechen."

Fragend schaute ich ihn an und wartete, dass er weitersprach. Lange musste ich nicht warten, da fing er wieder an zu reden. „Das mit dem Verzeihen, das hab ich vorhin ernst gemeint. Und jetzt hör mir erst mal zu, bevor du wieder ausrastest! Verzeihen heißt nicht, dass der andere keinen Fehler gemacht hat. Es heißt, dass du der Sache nicht mehr deine Aufmerksamkeit gibst. Dass du nicht mehr deine Energie mit Wütendsein verschwendest. Denn die wissen ja nicht, dass du wütend oder verletzt bist. Nur du merkst für dich, dass du dich immer weiter damit beschäftigst, was dir immer wehtun wird. Verzeihen heißt loslassen und dich aus der Opferrolle herausholen, weil das alles nicht wert ist, dass du dich deswegen immer weiter selbst zerstörst."

Ich dachte über seine Worte nach. Irgendwo hatte er recht, ich hatte mit dem Ganzen nicht abgeschlossen und ich vermisste Helen. Sie war früher einfach immer da gewesen. Eine Konstante, auf die ich mich verlassen konnte. Vielleicht würde es mir tatsächlich helfen, alles zu verzeihen und es hinter mir zu lassen. Denn hatte ich nicht schon einmal beschlossen, dass ich niemand anderen über mein Leben bestimmen lassen wollte? Doch wie sollte ich das alles vergeben?

„Das hört sich ja alles gut an, nur ... das ist nicht so einfach. Ich kann doch nicht einfach sagen, ich verzeihe und dann ist alles vergessen", gab ich meine Bedenken an Liam weiter. Er überlegte wieder kurz, bevor er antwortete: „Es ist nicht einfach, und es wird dauern. Aber du kannst das schaffen."

Wie Liam vorher antwortete ich mit „Ich versuch es".

Ich konnte es nicht versprechen, doch ich wollte es versuchen. Denn ich wollte wirklich mit allem abschließen. Außerdem hatte ich irgendwo die leise Hoffnung, dass meine Freundschaft mit Helen noch nicht ganz verloren hatte. Auch wenn mich die Enttäuschung und die Wut immer wieder trafen, wenn ich an sie dachte. Noch ein bisschen saßen wir dort zu zweit, bis sich Liam verabschiedete. Er wollte sich ja noch mit Tobi treffen, außerdem sollte sich seine Familie keine Sorgen machen, weil er nicht heimkam. Schließlich hatte diese Familie schon ein Kind verloren. Als Liam gerade gegangen war, merkte ich, dass der Fremde immer noch in der Nähe war. Als er meinen Blick bemerkte, kam er auf mich zu. Und setzte sich neben mich auf die Bank.

„Du bist jetzt echt die ganze Zeit geblieben?", fragte ich ihn neugierig.

Wollte er etwa sichergehen, dass Liam und ich keine Dummheiten machten? Langsam wollte ich echt gerne mehr über diesen Mann wissen.

„Ich hatte gerade nichts Besseres zu tun", antwortete er jetzt und wieder war da diese Ironie in seinem Blick.

Damit beantwortete er keine meiner Fragen und ich wusste nicht, warum mir der Fremde nicht unheimlich war. Ich kannte ihn schließlich überhaupt nicht und irgendwo war sein Verhalten doch nicht normal, oder? Ich wollte mehr über ihn rausfinden, also fing ich mit einer Frage an, die ich schon im Kopf hatte, seit ich neben Liam auf der

Brücke gestanden hatte. „Woher wusstest du das mit Liams Bruder?"

Jetzt war er ernst und schaute mich fast traurig an.

„Du bist nicht die Erste, die ich von der Brücke geholt habe", meinte er und ich schaute ihn einfach fragend an, bis er weitersprach.

„Was meinst du, warum die Brücke Trauerbrücke genannt wird?" Stimmt, diese Bezeichnung hatte ich schon einmal gehört, mir aber nie weiter Gedanken darum gemacht. Jetzt schaute ich zu der Brücke. Was hatte sie an sich, dass sie verzweifelte Menschen anzog. Vielleicht weil es einfach war, weil hier nicht so oft jemand vorbeikam. Oder vielleicht weil man zumindest einen schönen Park als letzten Anblick hatte.

„Wie viele sind schon gesprungen?"

Ich konnte mir die Frage selbst nicht erklären, aber ich hatte sie, ohne groß nachzudenken, einfach ausgesprochen. Der Fremde schnaubte frustriert, ehe er „Zu viele!" raunte.

Der Mann wurde mir immer suspekter. Ich wusste nicht, warum ich ihm vertraute. Generell wusste ich in letzter Zeit häufig nicht, warum ich etwas tat. Jetzt wollte ich auf jeden Fall einfach wissen, mit wem ich es zu tun hatte.

Also fragte ich ihn: „Wer bist du?"

Bekam allerdings nur ein „Unwichtig!" als Antwort.

Wieder gab er nichts über sich preis.

„Aber warum machst du das hier?", versuchte ich wieder etwas über ihn zu erfahren.

„Glaub mir, die Antwort willst du nicht hören."

Ich konnte seine Antwort nicht einordnen und versuchte noch einmal eine Frage zu stellen, wurde aber von dem Fremden unterbrochen, bevor ich auch nur ein Wort sagen konnte. „Louisa, meine Vergangenheit kann und werde ich nicht erzählen." Dass er meinen Namen kannte, wunderte mich nicht. Wahrscheinlich hatte er den mal von Lucy oder Liam gehört. Liam hatte ihn ja vorhin auch recht laut gesagt. Doch der restliche Satz klang ja fast wie aus einem Film. Dementsprechend fiel auch mein darauffolgender Kommentar ziemlich ironisch aus.

„Warum? Musst du mich dann umbringen?" Doch er reagierte nicht, weswegen ich noch unsicher „Das war ein Scherz" anfügte.

Der Fremde sah mich nur an und meinte dann: „Sagst du."

Kurz erschreckte ich mich bei seiner Aussage, doch dann fing er an zu lachen und kurz darauf fing auch ich damit an. Nach ein paar Minuten fragte mich der Fremde, ob ich nicht langsam nach Hause gehen sollte. Erst jetzt fiel mir auf, wie viel Zeit vergangen war. Und ich stimmte ihm zu. Meine Eltern sollten sich schließlich auch keine Sorgen machen und außerdem hatte ich noch Hausaufgaben und so machte ich mich auf den Heimweg. Zu meinem Erstaunen war mein Fahrrad noch da, nur stand es jetzt ein Stück weiter an einem Zaun angeschlossen. Natürlich mit meinem Fahrradschloss. Ich hatte den leisen Verdacht, dass auch das der Fremde gemacht hatte. Der hatte schließlich eine ganze Weile Zeit gehabt, als ich mich mit Liam unterhalten hatte.

Nachts im Bett dachte ich nochmal über den Vorfall nach. Liam und auch Kira hatten so glücklich auf mich gewirkt und dabei hatten sie einen Bruder verloren. Das musste doch total schwer zu verarbeiten sein. Ich wollte mir gar nicht vorstellen, wie es wäre, wenn Ina verschwinden würde. Ich bewunderte die Geschwister sehr und schämte mich sogar noch etwas mehr für meinen Neid, den ich unbewusst hatte. Schon erstaunlich, wie schnell man über Menschen urteilte, ohne ihre Geschichte wirklich zu kennen. War das etwa damals in meiner Klasse auch passiert? Eigentlich schon. Sie hatten mich als Diebin abgestempelt, ohne die Hintergründe zu kennen, die das alles vielleicht verständlicher gemacht hätten. Und dann war da noch der Fremde. Nicht mal seinen Namen kannte ich. Nur hatte er sich scheinbar zur Aufsicht über die Brücke erklärt. Irgendwie hatte ich das Gefühl, dass er damit versuchte etwas wiedergutzumachen. Trotzdem blieben viele Fragen offen. Woher nahm er die Zeit, ständig im Park zu sein? Wie war er auf diese Idee gekommen und warum schien er mich und auch Liam so gut zu verstehen? Warum wusste er so viel über mich? Konnte er einfach nur sehr gut beobachten? Doch auch wenn das alles seltsam war, machte er mir keine Angst. Der Mann hatte mir mein Leben gerettet und hatte mich verstanden. Trotzdem wollte ich mehr über ihn wissen. Es sollte doch eine Möglichkeit geben, mehr über ihn herauszufinden. Von selbst wird er mir auf jeden Fall nichts einfach so erzählen.

Die nächsten Tage verliefen weitestgehend normal. Mit Liam verstand ich mich inzwischen sehr gut. Der Vorfall auf der Brücke hatte uns zusammengeschweißt und inzwischen konnte ich eigentlich sagen, dass Liam wohl mein bester Freund war. Wir verstanden uns oft ohne Worte und verbrachten sehr viel Zeit miteinander. Damit hatte er aber nicht Helens Platz eingenommen. Denn auch wenn ich bei dem Gedanken an sie noch ein bisschen wütend war und mich immer noch nicht traute wieder Kontakt zu ihr aufzunehmen, war sie immer noch ein wichtiger Teil in meinem Leben. Ich war mit ihr aufgewachsen, wir hatten unzählige gemeinsame Erinnerungen. So viele gemeinsame Wünsche und Pläne. Sie war immer mein Anker gewesen, eine Sicherheit, die einfach da war und zu der ich immer kommen konnte. Ich konnte ihr alles erzählen und sie mir auch. Eine solche Verbindung verschwand nicht einfach und eine solche Person konnte man auch nicht wirklich vergessen.

Ein paar Tage vor den Faschingsferien fiel an meiner gesamten Schule der Nachmittagsunterricht wegen eines Lehrerausflugs aus. Liam war nach der Schule mit zu mir gekommen und weil Kira keine Lust hatte, alleine zuhause zu sitzen, war sie jetzt ebenfalls bei mir, was allerdings weder Liam noch mich störte. Kira war für mich inzwischen auch eine sehr gute Freundin und Liam hatte seine Schwester immer gerne um sich. Inzwischen wusste ich, dass sich die Geschwister seit Nathans Verschwinden so nah waren. Davor hatten sie sich zwar auch gut verstanden, aber seit ihr Bruder weg war, gab es sie fast nur noch im Doppelpack. Vielleicht gab ihnen das die Sicherheit, dass zumindest ein Geschwisterkind noch da war.

Ina hatte heute eigentlich Mittagsschule, weswegen ich leicht erschrak, als sie plötzlich in mein Zimmer gestürmt kam. Ich sprach sie auch direkt darauf an, dass sie doch eigentlich in der Schule sein sollte, doch sie ignorierte meinen Einwand und fragte mich nur, ob sie kurz mit mir reden könne. Jetzt war ich etwas skeptisch, forderte sie aber auf, weiterzusprechen. Kurz zögerte sie, dann meinte sie: „Es geht um Helen."

Ich überlegte. Eigentlich wollte ich das mit Helen ja wieder hinbekommen und sie wieder als Freundin haben, aber im Moment war ich immer noch zu enttäuscht von ihr und ich spürte auch immer noch einen Funken Wut, als ich ihren Namen hörte. Außerdem wollte ich einfach nicht wieder über das ganze Thema reden. Und das teilte ich meiner Schwester auch mit, aber sie ließ nicht locker.

„Isa, bitte, es ist wichtig. Ich hab Mist gebaut und jetzt müsst ihr beide darunter leiden, also bitte lass mich ausreden."

Wollte sie mir jetzt etwa beichten, dass sie das mit der Kette war? Auch wenn ich das schon wusste, wollte ich ihre Erklärung hören und sie hatte mich gerade zum ersten Mal seit Jahren wieder mit Isa angesprochen. Es war ihr Lieblingsspitzname für mich gewesen, aus demselben Grund warum Helen ihn nie benutzt hatte, sondern mich Lou genannt hatte. Weil sich eben Isa und Ina so ähnlich anhörten und Ina fand das früher nicht nur lustig, sondern auch sehr passend.

„Dann weiß man immer gleich, dass wir zusammengehören", hatte sie früher gesagt.

Und aus den zwei Gründen fragte ich: „Du meinst das mit der Kette."

Ina bestätigte das und ich merkte, wie mich sowohl Liam als auch Kira etwas verwirrt anschauten.

„Also ich komm jetzt irgendwie nicht richtig mit. Welche Kette? Und wer ist Helen?", brachte Kira auch ihre Verwirrung zum Ausdruck.

„Ich hab bis jetzt auch nur einen Teil der Geschichte gehört", fügte Liam noch hinzu.

Die beiden würden jetzt nicht mehr lockerlassen, bis sie die Geschichte gehört hatten, das wusste ich genau, aber ich war nicht bereit dazu, alles ausführlich zu erzählen. Deswegen haspelte ich nur schnell eine Kurzform herunter.

„Helen war meine beste Freundin. Meine Schwester hat ihr irgendwie weisgemacht, dass ich ihre wertvolle Kette geklaut habe. Dann hat Helen erzählt, dass ich mal geklaut habe und das wusste dann die ganze Schule. Ich wurde gemobbt und hab dann die Schule gewechselt."

Ich erzählte eigentlich nicht mehr, als Liam schon wusste, und schaffte es dabei, Kira noch mehr zu verwirren.

„Okay, das war jetzt zu schnell für mich. Also nochmal langsam. Du hast geklaut?"

Fragend schaute Kira mich an, dann blickte sie zu Ina.

„Und warum hast du erzählt, dass Isi die Kette geklaut hat?", versuchte sie nun, die Geschichte verständlicher zu machen, aber ich war nicht bereit dazu, noch mehr zu erzählen, und das sagte ich auch. Nun versuchte Liam mich zu überzeugen und nach einigem Hin und Her fing ich dann doch an zu erzählen. Kam jetzt ja auch nicht mehr darauf an. Meine gesamte alte Schule wusste es schließlich auch. Ich hoffte nur, dass Liam und Kira sich anders verhalten würden. Noch einmal konnte ich die Schule garantiert nicht wechseln. Stockend begann ich also zu reden, denn ich konnte Kiras und auch Liams Reaktion nicht abschätzen und wieder war da diese Angst, verurteilt zu werden. Auch wenn das hier vor mir zwei meiner besten Freunde waren.

„Na gut, ist ja inzwischen sowieso kein Geheimnis mehr. Also ja, ich hab mal geklaut. Meine Familie hatte wenig Geld. Mein Vater war gerade arbeitslos. Und es gab eigentlich immer Stress. Ich war damals zehn Jahre alt und spielte draußen. Dummerweise blieb ich mit meinem T-Shirt an einem Baum hängen und es hatte einen Riss. Es war ausgerechnet mein Lieblingsshirt, und ich wusste, dass es Ärger geben würde. Weil das T-Shirt ja Geld gekostet hatte. Ich hatte es auch noch nicht allzu lang. Als ich dann ein paar Tage später ein identisches T-Shirt in einem Laden fand, hab ich es einfach mitgenommen. Ich hab nicht groß drüber nachgedacht und hatte Glück, dass ich nicht erwischt wurde. Danach hatte ich allerdings ein richtig schlechtes Gewissen und hab es damals Helen erzählt. Erst ein paar Tage später hab ich es auch meinen Eltern gebeichtet.“

Ich machte eine Pause. Es war mir schwergefallen zu erzählen und ich hatte immer noch Angst vor der Reaktion meiner beiden Freunde. Deswegen vermied ich es auch, die beiden anzusehen, während Ina jetzt das Erzählen der restlichen Geschichte übernahm.

„Na ja und das mit der Kette, das war ich. Ich brauchte Geld für mein neues Handy. Ich hab nicht dran gedacht, dass die Helen so wichtig ist. Dann hatte ich so ein schlechtes Gewissen, dass ich sie ihr zurückgeben wollte. Aber ich konnte ihr einfach nicht sagen, dass ich sie geklaut hatte. Also habe ich erzählt, dass ich sie auf Isas Schreibtisch gefunden hatte. Daran, dass ihr sie ja schon gesucht habt, hab ich nicht gedacht und dass Helen denken würde, dass du die Kette gestohlen hast, damit hatte ich nicht gerechnet. Zuerst hab ich gedacht, dass ihr euch schnell wieder einbekommt, so wie sonst auch, aber es wurde nur alles schlimmer und ich hab mich nicht mehr getraut, die Wahrheit zu sagen. Aber ich weiß, dass ich es hätte aufklären müssen und es tut mir wahnsinnig leid. Kannst du mir das verzeihen?", fragte sie mich dann am Schluss und schaute mich dabei so schuldbewusst an, dass ich nicht anders konnte. Ich ging auf sie zu und nahm sie in den Arm. Dann sagte ich: „Ina, du bist meine Schwester. Natürlich verzeihe ich dir, auch wenn du ziemlich Mist gebaut hast, aber Leni hat ja auch großen Mist gebaut. Du bist nicht alleine schuld an alldem."

Doch Ina wand sich wieder aus meiner Umarmung und schaute mich an.

„Die Geschichte geht noch weiter. Ich wollte nicht, dass die weiter so über dich reden. Also habe ich erzählt, dass du nichts mit dem Kettendiebstahl zu tun hattest, aber die haben mir die Wörter im Mund rumgedreht. Sie meinten, dass Helen also dir was angehängt hat und deswegen ist sie jetzt zum Opfer geworden. Die waren sowieso ganz froh drum, ein neues Opfer zu haben, weil du ja weg warst. Anscheinend war ihnen langweilig. Und ich weiß jetzt nicht, was ich machen soll. Das tut mir alles so leid, aber ich weiß nicht, wie ich Helen helfen kann. Dabei braucht sie wirklich dringend jemand, der ihr hilft." Erschrocken sah ich Ina an, die inzwischen Tränen in den Augen hatte und mich verzweifelt anblickte. Ja, ich war sauer auf Helen und enttäuscht, aber dass sie jetzt gemobbt wurde, das tat mir nicht nur leid, das tat mir auch weh. Das wollte ich nicht. Schon allein die Vorstellung machte mich fertig. Ich wollte nicht, dass es ihr so ging wie mir. Sie durfte so etwas nicht durchmachen müssen. Jetzt hing die Frage im Raum. Würde ich Helen helfen? Konnte ich das überhaupt? Ich wusste, dass ich ihr nur helfen konnte, wenn ich mit meinen ehemaligen Mitschülern sprach. Aber der Gedanke, diese Schule wieder zu betreten, war nicht angenehm. Ich konnte nicht einschätzen, wie die anderen reagieren würden, aber ich wusste auch, was Mobbing bedeutet und wie sehr es wehtat. Und Helen war immer noch meine Freundin. Dessen war ich mir jetzt sicher. Unsere Freundschaft hatte nicht einfach so geendet, dafür ging sie viel zu tief. Und weil Helen nun einmal meine Freundin, meine beste Freundin, war und sie mich brauchte, entschloss ich mich dazu, ihr zu helfen. Auch wenn ich es nicht alleine schaffen würde. Daher fragte ich Kira und Liam, ob sie mich begleiten würden. Beide stimmten zu und auch Ina kam natürlich mit. Im Moment war noch Mittagspause, weswegen ich eine gute Chance hatte, das jetzt direkt zu klären. Gemeinsam liefen wir los.

Kapitel 7

Kurz vor meiner alten Schule wurde ich langsamer. Ich merkte, wie die Angst in mir hochkam und wie mir jeder weitere Schritt in Richtung des mittlerweile verhassten Gebäudes schwererfiel. Liam legte mir den Arm um die Schulter und lächelte mich zuversichtlich an. Ein bisschen half es und so betrat ich zusammen mit den anderen dreien den Schulhof und sah schon eine größere Ansammlung von Schülern. Konnte sie lachen und den ein oder anderen dummen Spruch sagen hören. Alles zog sich in mir zusammen, auch wenn ich wusste, dass ich nicht gemeint war, doch die Erinnerungen kamen zurück und ich wusste nicht, wie ich damit umgehen sollte. Es tat einfach nur weh und trotzdem ging ich weiter. Als ich nähertrat, sah ich, dass diese Sprüche und das Lachen Helen galten. Sie stand seitlich zu mir und an ihrer Haltung konnte man deutlich erkennen, dass es ihr nicht gut ging. Sie war in sich zusammengesunken und hatte den Kopf eingezogen. Sie so zu sehen tat mir noch mehr weh als die ganzen Erinnerungen und ich hatte das Gefühl, am Boden festgefroren zu sein. Erst als jemand Helen zu Boden schubste, reagierte ich wieder, ging auf Helen zu und stellte mich schützend vor sie. Dann sah ich meine ehemaligen Mitschüler an und forderte mit fester Stimme: „Lasst Helen in Ruhe! Sie hat euch nichts getan", bekam aber nur ein „Warum willst du sie schützen? Die hat doch dieses blöde Gerücht über dich verbreitet" zu hören.

Ich musste fast lachen. Jetzt war es also plötzlich ein Gerücht? Als ich noch hier Schülerin war, war es doch noch die Wahrheit gewesen. Jeder hatte es geglaubt, jeder schien sich zu hundert Prozent sicher zu sein, dass ich eine Diebin war. Kurz überlegte ich, ihnen das auch zu sagen, entschied mich allerdings für etwas anderes, denn sie so anzugreifen würde jetzt nichts bringen.

„Selbst wenn sie das getan hat, ist das immer noch eine Sache zwischen ihr und mir. Das geht euch nichts an und gibt euch nicht das Recht, sie so zu behandeln."

Ich merkte, dass die anderen langsam ruhiger und fast nachdenklich wurden. Gleichzeitig stellten sich jetzt auch Liam, Kira und Ina zu mir und damit ebenfalls schützend vor Helen.

„Leute, wisst ihr eigentlich, was ihr getan habt?", fragte ich jetzt noch und hörte, wie Felix „Hat sie doch verdient" sagte.

Ich konnte es nicht fassen. Dachten die echt, dass hier hatte was mit Gerechtigkeit zu tun?

„Egal wer hier was gesagt oder gemacht hat. Ihr seid gerade dabei, ein Leben zu zerstören. Habt ihr euch mal Helen angesehen? Euch überlegt, wie es ihr geht?", fragte ich meine ehemaligen Mitschüler.

Aus irgendeiner Ecke kam: „Ist das nicht etwas übertrieben?" Ich war kurz vorm Ausrasten. Selbst aus der Ferne hatte ich gesehen, wie schlecht es Helen ging, doch bevor ich losschreien konnte, meldete sich Liam zu Wort.

„Was ihr hier macht, ist Mobbing, Leute. Und sowas kann ernste Folgen haben. Total viele psychische Krankheiten. Ihr könnt damit echt ein ganzes Leben versauen. Wollt ihr etwa daran schuld sein, dass weder Helen noch Louisa je wieder ein normales, entspanntes Leben führen können?"

Liam klang ruhig und gefasst, doch er war mächtig sauer und die Worte, die er gesagt hatte, schienen die Schülermenge einzuschüchtern.

„War doch nur Spaß", war der einzige Kommentar, der noch gesagt wurde und damit war auch für die sonst immer fröhliche und nette Kira alles vorbei.

„Genau wegen so eines bescheuerten Spaßes hab ich einen meiner großen Brüder verloren. Sowas ist echt kein Spaß, sondern nur ein feiges Alle-gegen-einen, damit man sich stark fühlt", rief sie und wollte weitermachen, doch ich zog sie kurzentschlossen in meine Arme. Sie fing an zu weinen und klammerte sich an mich wie eine Ertrinkende. Natürlich hatte sie die Geschichte mit Nathan auch noch nicht verarbeitet und sie wusste auch ganz genau, warum ihr Bruder abgehauen war. Inzwischen sprach Liam wieder, betont ruhig. Sein Blick ging starr in die Schülermenge. Ich wusste, dass er das tat, damit er Kira nicht ansah, denn dann würde er keine vernünftige Rede mehr halten können.

„Was wir euch nur sagen wollen, ist, dass ihr dieses Mobbing echt lassen solltet. Ist doch eh viel besser, wenn alle miteinander klarkommen. Ich weiß nicht, ob ihr das tut, weil ihr denkt, dass es gerecht ist oder weil es einfach auch alle anderen machen. Vielleicht macht ihr es, um euch stark zu fühlen und irgendwo dazuzugehören. Aber es ist doch so. Wer will schon zu einer Gruppe gehören, die nur dann stark und gemeinschaftlich ist, wenn sie eine Person fertigmachen kann. Was passiert, wenn auch Helen verschwindet? Sucht ihr euch dann wieder ein Opfer, bis hier irgendwann niemand mehr zur Schule geht? Und wollt ihr nicht zu einer Gruppe gehören, die sich nicht behaupten muss, um stark zu sein? Ist euer Selbstwertgefühl wirklich so niedrig, dass ihr andere runterdrücken müsst, um euch besser zu fühlen? Denkt einmal über die ganze Sache nach und fragt euch mal, aus welchem Grund ihr gerade ein Leben zerstört."

Damit hatten wir den anderen Schülern erst mal genug zum Nachdenken gegeben. Einen Moment lang standen alle nur da und schienen zu überlegen, bis sich Sophie aus der Menge löste. Sie hatte weiter hinten gestanden und wohl auch nicht richtig mitgemacht. Schüchtern sah sie mich an, dann meinte sie: „Deswegen hast du die Schule gewechselt, oder? Weil wir so gemein waren."

Jetzt war ich überrascht. Hatten sie wirklich nicht gemerkt, was sie mir angetan hatten? War ihnen das nicht bewusst gewesen? Ich musste kurz schlucken und war wieder um eine feste Stimme bemüht, als ich antwortete.

„Natürlich hab ich deswegen die Schule gewechselt. Ihr habt mich fertiggemacht, ich hatte Angst vor der Schule und habe überlegt mir das Leben zu nehmen. Es ging nicht mehr und deswegen durfte ich auch mitten im Abschlussjahr wechseln."

Jetzt schaute ich in einige schockierte Gesichter, was mich wirklich wunderte. Sie waren doch schließlich alle dabei gewesen, wie konnten sie das nicht bemerkt haben. Ja, das mit dem Selbstmord konnten sie nicht wissen und ich war mir auch nicht sicher, ob es richtig war, allen davon zu erzählen, denn ich merkte, wie mich auch Ina erschrocken ansah. Doch dass es mir schlecht ging, mussten sie doch mitbekommen haben und sie hätte doch auch durchschauen müssen, dass ich deswegen die Schule gewechselt hatte. Das war doch ganz logisch, oder welchen Grund hätte es sonst für mich geben sollen, mitten im Jahr die Schule zu wechseln? Sophie begann wieder zu sprechen. „Es tut mir leid. Wirklich, ich hab nicht nachgedacht."

Jetzt kam auch Felix auf mich zu.

„Mir tut es auch leid. Ich dachte halt, dass das mit dem Klauen stimmt, und dachte irgendwie, es wäre fair und auch gar nicht so schlimm."

Immer mehr Stimmen wurden laut und eigentlich jeder entschuldigte sich. Als sie wieder leise wurden, ergriff ich noch einmal das Wort.

„Leute, es ist für mich in Ordnung. Ich hab damit abgeschlossen. Mir wäre nur wichtig, dass ihr sowas nicht nochmal macht. Es ist doch wohl nicht so schwer, sich gegenseitig zu akzeptieren und für die Zeit, die ihr hier alle zusammen seid, miteinander klarzukommen." Viele nickten und ich beschloss noch weiter zu gehen.

„Übrigens hab ich wirklich schon mal geklaut. Ich war zehn und ich hatte Angst, meinen Eltern zu beichten, dass ich mein T-Shirt kaputtgemacht hatte. Wir hatten wenig Geld und sowieso schon genug Stress zuhause. Da wollte ich nicht noch mehr Ärger bereiten. Es war das identische T-Shirt."

Vielleicht merkten sie jetzt, dass sie mich zu schnell verurteilt hatten. Dass ich das T-Shirt zurückgeben wollte und es mir dann geschenkt wurde, als ich alles im Laden erklärt hatte, behielt ich aber für mich. Das blieb weiterhin ein Geheimnis zwischen mir und Helen. Wo ich gerade bei Helen war. Ich drehte mich um, um nach ihr zu schauen, doch sie war weg. Als ich erschrocken Luft holte, drehten sich auch Liam, Ina und Kira um.

„Wo ist denn Helen hin?", fragte Ina auch direkt.

„Keine Ahnung, aber wir müssen sie finden", meinte ich nur und lief auch direkt los.

Die unterschiedlichsten Gedanken schossen mir in den Kopf. Helen sah wirklich nicht gut aus und ich wusste nicht, wie schlimm das Mobbing bei ihr war. Ich machte mir große Sorgen um sie. Wenn ihr irgendwas passieren würde, würde ich mir das nie verzeihen. Ich merkte, dass mir Liam, Kira, Ina und sogar Sophie und Felix folgten. Dass die Letzteren jetzt wohl die Mittagsschule schwänzten, war reine Nebensache. Als Erstes liefen wir natürlich zu unserer Bank, doch da war sie nicht. Auch an allen anderen unserer oder ihrer Lieblingsorte fanden wir sie nicht. Bei ihr zuhause machte niemand die Tür auf und an ihr Handy ging sie auch nicht, aber das hatte ich auch irgendwie nicht erwartet. Ich hatte ein wirklich schlechtes Gefühl und inzwischen war es schon dunkel geworden, da fiel mir noch ein letzter Ort ein. Eigentlich war es mein Lieblingsort, aber Helen kannte ihn natürlich auch. Also liefen wir gemeinsam in den Park und dort direkt zu dem kleinen versteckten Platz am Fluss, an dem ich immer Zuflucht gesucht hatte. Es war wirklich der letzte Ort, der mir noch einfiel und ich hoffte sehr, dass wir sie dort finden würden. Doch als ich meinen Blick auf den Platz richten konnte, schrie ich erschrocken auf. Meine Knie gaben augenblicklich nach und ich sank zu Boden. Es fühlte sich an, als würde mein Herz stehen bleiben und mir tat alles weh. Mir wurde schwindelig und schlecht und ich konnte meinen Blick nicht abwenden. Helen lag da direkt vor mir. Sie hatte die Augen zu und bewegte sich nicht.

Hinter mir standen meine fünf Begleiter und fragten mich erschrocken, was los sei. Als ich nicht antwortete, zwängten sie sich irgendwie auch auf den Platz, der eigentlich viel zu klein für so viele Personen war. Als sie Helen sahen, legte mir Liam beruhigend die Hand auf die Schulter, während Kira auf Helen zuging und die Atmung kontrollierte.

„Sie atmet noch", sagte sie dann und begann Helen stabil zu lagern.

Gleichzeitig wählte Felix den Notruf, während Sophie meine weinende Schwester im Arm hatte und ich kniete immer noch auf dem Boden, Liam neben mir, der versuchte mich zu beruhigen. Ich war unfähig mich zu bewegen. Helen durfte nichts passieren. Wir hatten uns doch noch nicht einmal richtig versöhnt. Irgendwann hörte ich die Sirene und dann waren auch schon der Krankenwagen und gleich darauf der Notarzt da. Kira hatte dafür gesorgt, dass uns die Rettungskräfte fanden und Liam wich nicht von meiner Seite. Ich hatte keine Ahnung, wie die Rettungskräfte an mir vorbeikamen und Platz auf der kleinen Lichtung fanden, doch es war mir auch völlig egal. Ich konnte einfach nicht fassen, was gerade vor meinen Augen passierte. Helen musste es einfach gut gehen.

Liam flüsterte mir immer wieder zu, dass alles wieder gut werden würde. Doch als er versuchte mich vom Geschehen wegzubringen, weigerte ich mich standhaft. Ich riss mich von ihm los und stürzte zu Helen. Ich brauchte sie doch und sie brauchte mich. Sie musste wissen, dass ich da war. Dass sie nicht alleine war und dass sie immer noch meine beste Freundin war. Ich hörte, wie mehrere Leute auf mich einredeten. Vermutlich sollte ich Helen loslassen, doch genau verstand ich die Stimmen nicht. Alle Geräusche kamen nur dumpf bei mir an und ich konnte auch meinen Griff um Helens Hand nicht lockern. Ich meinte zu hören, dass jemand etwas von Schock sagte und dann befand ich mich selbst in einem Krankenwagen. Alles ging sehr schnell und kurz darauf war ich im Krankenhaus. Mir wurde etwas zur Beruhigung gegeben und dann sollte ich darauf warten, dass mich jemand abholen würde. Keiner wollte mir sagen, wie es Helen ging und auch mein Vater sagte kein Wort dazu, als er mich abholte.

Zuhause angekommen, verkroch ich mich in mein Zimmer. Ich wusste nicht, was ich tun sollte und hatte einfach nur Angst. Ich musste unbedingt wissen, was mit Helen war. Immer wieder hatte ich vor Augen, wie ich sie gefunden hatte. Was war denn nur passiert? Irgendwann hielt ich es mit meinen Gedanken nicht mehr aus. Ich konnte jetzt einfach nicht allein sein und deswegen ging ich Richtung Wohnzimmer, von wo ich schon die

Stimmen meiner Eltern hören konnte. Doch als ich verstand, worüber sie sprachen, blieb ich stehen und hörte einfach zu. „Und wir sollen Louisa wirklich nichts sagen?", sagte meine Mutter gerade und mein Vater antwortete:

„Wir wissen doch selber nichts Genaues. Außerdem sollte sie sich erst mal beruhigen."

„Du hast ja recht. Wissen die Ärzte denn wirklich nicht, wann Helen wieder aufwacht."

„Sie wissen nicht mal, ob sie wieder aufwacht. Oder was sie eigentlich genommen hat."

Was sie eigentlich genommen hat. Der Satz heftete sich sofort in meinen Gedanken fest. Denn das bestätigte meine Vermutung. Helen, meine beste Freundin, das lebensfrohe, lustige und intelligente Mädchen hatte sich das Leben nehmen wollen und es vielleicht auch geschafft. Ich lehnte mich an die Wand hinter mir. Es jetzt zu hören, war einfach nur schockierend. Plötzlich legte sich eine Hand auf meine Schulter. Es war Ina, die da neben mir stand und anscheinend ebenfalls gelauscht hatte.

„Es tut mir so leid", flüsterte sie und ich sah sie an.

„Ich muss ins Krankenhaus", sagte ich nur und meine kleine Schwester nickte verstehend. Dann verschwand ich aus dem Haus und fuhr mit meinem Fahrrad die nicht allzu lange Strecke zum Krankenhaus. Doch nachdem ich durch die Tür ins Innere des großen, nach Desinfektionsmittel riechenden Gebäudes getreten war, hatte ich natürlich keine Ahnung wohin. Als ich nach Helen fragte, wurde mir gesagt, dass sie nur Familienmitgliedern eine Auskunft geben konnten. Doch nach einer Weile sah ich Helens Vater das

Krankenhaus betreten. Er war vermutlich mit der Bäckerei beschäftigt gewesen und konnte deshalb erst jetzt hier sein. Ich lief einfach hinter ihm her. Er würde ja wohl wissen, wo seine Tochter lag. Auf mich aufmerksam machen wollte ich irgendwie nicht. So gut kannte ich ihn nicht, da er meistens arbeitete, wenn ich bei Helen war und ich wusste auch einfach nicht, was ich sagen sollte. Irgendwann blieben wir stehen. Helens Mutter war vor uns aufgetaucht und dann kam auch ein Arzt dazu. Ich schlich mich näher ran. Vielleicht konnte ich jetzt mehr über Helens Zustand erfahren. Der Arzt sprach sehr sachlich und ruhig, während er die erschreckende Nachricht überbrachte.

„Es ist zwar möglich, aber höchst unwahrscheinlich, dass Ihre Tochter wieder aufwacht. Sie sollten sich von ihr verabschieden."

Einen kurzen Moment war alles ruhig. Fassungslosigkeit machte sich breit, dann entdeckte Helens Mutter mich und fing an zu schreien.

„Was machst du hier? Wegen dir wird meine Tochter sterben. Du bist schuld! Verschwinde hier!"

Dann brach sie in Tränen aus und ihr Mann, der ebenfalls weinte, musste sie stützen. Gleichzeitig drehte ich mich um und rannte los. Raus aus diesem blöden, sterilen Gebäude, einfach weg. Mein Fahrrad ließ ich stehen, ich rannte einfach weiter. Immer wieder die Stimme von Helens Mutter im Ohr.

„Du bist schuld!", schrie es mir von allen Seiten entgegen. Ich hatte versagt. Ich hatte meine beste Freundin vernachlässigt. Ich war nicht da. Ich war zu langsam. Ich wusste nicht sofort, wo sie lag. Kurz gesagt: Ich war schuld. Alles in mir tat weh. Ich hatte meine beste Freundin auf dem Gewissen. Dann sah ich wieder den Zusammenbruch von Helens Mutter, die Tränen von Helens Vater. Ich dachte an den ganzen Schmerz und das ganze Leid, das jetzt so viele Menschen treffen würde. Es gab viele Personen, die nun um Helen bangen und später auch trauern würden. Und ich war schuld. Schuld an dem beendeten Leben und schuld an dem ganzen Leid. Ich zog mein Handy aus meiner Hosentasche und schrieb Liam eine Nachricht mit nur drei Wörtern.

„Vergiss nie wieder!"

Er würde es verstehen. Er würde wissen, was ich jetzt vorhatte und so brauchten sie mich nicht suchen. Sie konnten mich einfach vergessen.

Es war eine weite Strecke, die ich rennen musste, doch das Seitenstechen und die aufkommenden Schwindelgefühle waren mir egal. Ich merkte auch kaum, wie mir die Tränen durchs Gesicht flossen. Jetzt war alles egal. Helen würde sterben und ich war schuld. Irgendwann kam ich endlich an dieser blöden Brücke an, doch ich schaffte es nicht, auf das Geländer zu klettern. Immer wieder versagten meine Beine und irgendwann hörte ich eine Stimme hinter mir meinen Namen rufen. Es war Liam. Warum war der denn schon hier? Er sollte doch nur die Nachricht lesen, damit jemand Bescheid weiß. Ich hatte halt einfach keine Zeit für einen richtigen Abschiedsbrief.

„Verschwinde!", rief ich also einfach nur.

Doch er blieb.

„Louisa, nie wieder. Du hast es versprochen."

Er hatte ja recht, ich hatte es ihm aber vor allem auch mir selbst versprochen. Doch gerade war es mir einfach egal.

„Und du hast gesagt, dass alles wieder gut wird. Aber du hast gelogen. Gar nichts wird wieder gut", schrie ich und versuchte wieder auf das Geländer zu kommen.

Doch diesmal zogen mich zwei starke Arme zurück. Ich wurde in eine Umarmung gezogen und wusste sofort, dass es der Fremde war, der mich festhielt. Ich versuchte mich zu wehren. Schrie immer wieder, dass Helen sterben würde und ich schuld sei. Doch langsam gingen meine Kräfte aus und irgendwann hing ich einfach in den Armen des Fremden.

Dann kam Liam auf mich zu und der Fremde ließ mich los, nur damit mich Liam jetzt in eine Umarmung ziehen konnte.

„Du bist nicht schuld. Du hast versucht ihr zu helfen", raunte er mir zu.

„Aber ich war zu spät", gab ich leise von mir.

Und er antwortete nur mit „Ich weiß".

Es dauerte eine Weile, bis ich mich von ihm löste und sehen konnte, dass einige meiner neuen Freunde und auch Kira, Ina, Sophie und Felix mit auf der Brücke standen. Ina sah nicht gut aus. Sie wurde von Kira gestützt und weinte. Als sie merkte, dass ich sie ansah, blickte sie zu Boden.

„Es tut mir leid, ich weiß, dass ich schuld bin."

Langsam ging ich auf sie zu und umarmte auch sie.

„Du wusstest es doch nicht. Und du wolltest es auch nicht", sagte ich zu ihr. Mehr wusste ich jetzt auch nicht zu sagen. Denn ja, ihr dummer Streich, oder was das auch gewesen war, hatte den Stein ins Rollen gebracht, doch hatte nicht eine ganze Schule mitgemacht? Wie viele hatten weggesehen und wie viele haben gelacht? Wo waren die Lehrer gewesen? Ja, meine kleine Schwester war mit schuld, aber garantiert nicht als Einzige. Noch eine ganze Weile verbrachten wir im Park. Die Stimmung war gedrückt, aber weder ich noch Ina, Liam oder Kira wollten jetzt alleine sein und ich war meinen anderen Freunden sehr dankbar, dass sie auch hier waren. Doch irgendwann mussten wir wieder nach Hause und dort wartete zu meiner Überraschung Helens Mutter auf mich. Ich war nervös und hatte Angst, mit ihr zu sprechen, doch trotzdem setzten wir uns gemeinsam ins Wohnzimmer. Nach einer Weile, die wir nur schweigend nebeneinandersaßen und ich nervös unsichtbare Fusseln von der Armlehne der Couch strich, begann Helens Mutter zu sprechen. Sie entschuldigte sich dafür, was sie im Krankenhaus gesagt hatte. Sie hatte einfach die Nerven verloren und außerdem hatte Helen ihr gegenüber erwähnt, dass ich die Kette geklaut haben sollte und wir Streit gehabt hätten und sie dachte, dass es Helen deswegen so schlecht ging. Inzwischen habe sie aber einen Abschiedsbrief ihrer Tochter gefunden, in dem sie alles erklärte. Dann drückte sie mir einen Brief in die Hand. Er war von Helen und direkt an mich adressiert. Doch ich beschloss ihn nicht zu lesen, solange noch die Hoffnung bestand, dass sie überlebte und mir dann selbst alles erzählen konnte. Und so verbrachte ich jede freie Minute im Krankenhaus an ihrem Bett. Wie ich es schaffte, nebenher noch für die Prüfungen zu lernen und sie zu schreiben, war mir unerklärlich, aber irgendwie schaffte ich es.

Jeden Tag saß ich an dem Bett, in dem meine beste Freundin lag. Sie lag da an verschiedene Geräte angeschlossen. Sie war blass und dünn, doch irgendwie wirkte sie friedlich. Als würde sie einfach schlafen und gleich aufwachen. Doch sie wachte nicht auf und das über mehrere Monate.

Kapitel 8

Es war ein Dienstag, als man sie für tot erklärte. Schon länger war klar gewesen, dass sie es wohl nicht mehr schaffen würde, doch trotzdem war die Nachricht ein Schock. Ich hatte mich in mein Zimmer eingeschlossen, mich auf den Boden gelegt und weinte. Nur Liam schaffte es, dass ich die Tür öffnete. Er setzte sich einfach zu mir auf meinen Zimmerboden und wartete. Wartete, bis ich wieder aufstehen würde. Und das dauerte lange. Ina ging es genauso schlecht wie mir. Sie konnte sich selbst nicht verzeihen und irgendwann saß auch sie mit auf meinem Zimmerboden.

Ein paar Tage später veranstaltete meine alte Schule eine Trauerfeier, zu der ich eingeladen war. Nach langem Überlegen ging ich hin und sah die schockierten und fassungslosen Gesichter meiner ehemaligen Mitschüler. Vielleicht hatten sie erst jetzt richtig verstanden, was ich mit Leben zerstören gemeint hatte. Und eines war wohl allen an dieser Schule klar. So etwas durfte sich nicht wiederholen. Man spürte, dass sich etwas verändert hatte. Keiner saß irgendwo alleine rum, jeder wurde gefragt, wie es ihm gehe. Man sprach miteinander und versuchte gemeinsam zu verarbeiten, was geschehen war. Nur war es traurig, dass erst diese Katastrophe passieren musste, damit alle begriffen, was Mobbing wirklich bedeutete, und anfingen alle in die Gemeinschaft aufzunehmen.

Helens Beerdigung fand in kleinem Kreis statt und erst jetzt verstand ich so richtig, dass Helen nicht wiederkommen würde. Es tat weh und ich war froh, dass wieder Liam an meiner Seite war. Ich wusste, dass er mich verstehen konnte. Er sagte nicht irgendwelche dummen Phrasen, wie dass niemand wirklich schuld sei. Er sagte nicht ständig, dass es ihm leidtue. Nein, er war einfach nur da und das war es, was mir half. Ich wusste, ich war nicht alleine und das reichte mir.

Am Tag nach Helens Beerdigung hatten Liam und ich unseren ersten Kuss. Er war so viel mehr als mein bester Freund geworden. Er war mein Seelenverwandter, der so vieles mit mir durchgestanden hatte. Ich hatte lange gebraucht, um zu verstehen, dass ich ihn liebte.
Ich war traurig, dass Helen ihn nicht kennengelernt hatte und dass sie unser Zusammenkommen nicht erlebt hatte. Sie würde so vieles verpassen und das tat weh, aber damit musste ich leben.

Als ich ein paar Tage später wieder mal auf der Bank an der Brücke saß, setzte sich plötzlich jemand neben mich. Es war Nadja, die mich ansprach.
„Louisa, ich ...", begann sie.
„Isi", unterbrach ich sie und forderte sie damit auf, meinen Spitznamen zu benutzen. Warum wusste ich selbst nicht, sie wirkte einfach unsicher und ich wollte ihr etwas entgegenkommen.
„Okay, Isi, ich ... es tut mir leid. Ich wollte das nicht. Ich war nur irgendwie neidisch auf dich und Helen."

Überrascht wollte ich sie wieder unterbrechen, doch sie sprach weiter.

„Lass mich bitte ausreden. Also ich weiß, dass das absolut nichts entschuldigt, doch ich will es dir trotzdem erklären. Die Freundschaft zwischen euch. Die war so eng und das war einfach etwas ganz Besonderes. Sowas wollte ich, doch ich hab immer nur solche Mitläufer. Leute, die nur mit mir befreundet sind, weil ich so beliebt bin, weil ich Geld habe. Ich wollte, was ihr hattet, und wusste, dass ich es nicht bekommen werde. Deswegen hab ich das damals weitererzählt. Und dann war irgendwie alles außer Kontrolle. Ich wusste nicht, was ich machen sollte, und hab einfach mitgemacht, damit ich cool blieb. Inzwischen weiß ich, dass das der größte Schwachsinn war, nur leider kam diese Einsicht viel zu spät. Es tut mir wirklich sehr leid."

Nadja. Ausgerechnet sie war neidisch auf mich und Helen gewesen? Das war ja unglaublich. Die Schulqueen, die alle verehrten, war tatsächlich neidisch gewesen auf uns zwei? Wenn Helen das gewusst hätte ...

Ich sah Nadja an und sie hatte tatsächlich Tränen in den Augen. Irgendwie tat sie mir leid. Keine echten Freunde zu haben musste wirklich schwer sein. Ich wollte mir gar nicht vorstellen, wie es wäre, wenn ich immer aufpassen musste, was ich tat, damit meine angeblichen Freunde mich mochten. Wenn ich mich immer verstellen müsste, nur damit ich möglichst beliebt bin. Das ist doch nicht der Sinn einer Freundschaft. Freunde sind doch die, die dich genau wegen deiner Macken und Eigenarten mögen. Die bei dir bleiben, selbst wenn du mal einen schlechten Tag hast oder einen Fehler gemacht hast.

„Danke, dass du mir das erzählt hast und wenn du wirklich echte Freunde willst, dann solltest du auch selbst echt sein", versuchte ich Nadja einen Ratschlag zu geben.

Sie nickte nur und dann saßen wir eine Weile schweigend nebeneinander. Was hätte ich auch noch sagen sollen. Gegen Abend verabschiedeten wir uns und aus einem Impuls heraus gab ich ihr meine Handynummer. Sie sollte nicht alleine sein und wenn sie wirklich mal jemanden brauchte, dann würde ich für sie da sein. Ja, ich hatte meinen ehemaligen Klassenkameraden inzwischen verziehen und es fühlte sich gut an.

Als ich zuhause war, fiel mir ein Brief ins Auge. Es war Helens Abschiedsbrief, den ich noch immer nicht gelesen hatte. Jetzt nahm ich ihn in die Hand, um endlich herauszufinden, was passiert war, nachdem ich keinen Kontakt mehr zu ihr gehabt hatte.

Hi Lou,
es fällt mir unglaublich schwer, dir das jetzt zu schreiben und es tut mir auch leid, doch es geht nicht anders. Wenn du das hier liest, bin ich vermutlich schon nicht mehr am Leben, aber ich will dir vorher noch etwas sagen.
Lou, ich weiß, dass du die Kette nicht geklaut hast und das hätte mir von Anfang an klar gewesen sein müssen. Ich weiß selbst nicht, wie ich mich so

verrennen konnte. Du warst immer meine beste Freundin und es tut mir leid, dass ich dich so verloren hab.

Es tat mir weh, als ich gesehen hab, wie die anderen dich fertiggemacht haben, doch ich wusste nicht, wie ich dir helfen konnte und ich hatte Angst. Ich war irgendwie froh, als du die Schule gewechselt hast, weil sie dich dann nicht mehr erreichen konnten, doch ich war auch traurig, weil ich dich nicht mehr gesehen habe. Ich wollte dich immer wieder anrufen, doch hab ich mich nicht getraut. Und dann hab ich dich mit deinen neuen Freunden gesehen. Versteh mich nicht falsch, ich freue mich sehr, dass du Freunde gefunden hast, doch irgendwie dachte ich auch, du brauchst mich nicht mehr. Na ja und dann gingen die anderen auf mich los, weil rauskam, dass du die Kette nicht gestohlen hast. Wahrscheinlich hab ich das auch irgendwie verdient. So wie ich dich behandelt hab. Inzwischen ist mir auch einfach alles zu viel und ich denke, es ist für alle die beste Lösung, wenn ich hier einen Schlussstrich ziehe. Ich hoffe, du kannst mir irgendwann all das verzeihen.

Ich weiß, wir sind nicht im Guten auseinandergegangen, trotzdem wünsche ich mir, dass du dir das Folgende zu Herzen nimmst: Lou, du bist nicht schuld an dem hier. Rede dir das bloß nicht ein. Ich kenn dich und du wirst bestimmt ewig überlegen, was du falsch gemacht hast, aber du hast keinen Fehler gemacht. Du bist ein toller und einzigartiger Mensch und ich bin stolz, dass ich dich als meine beste Freundin bezeichnen durfte. Leb dein Leben und verwirkliche deine Träume. Du kannst alles schaffen, wenn du an dich glaubst.

Lou, ich hab dich lieb und ich wünsche dir nur das Beste.

Deine Helen

Ich las den Text mehrmals und weinte. Das waren ihre Gedanken gewesen? Ich wollte ihr so gerne antworten. Ihr so vieles erklären, doch sie war nicht mehr da. Ich hatte nur eine Idee im Kopf, um ihr möglichst nahe zu sein, also lief ich zum Friedhof.

Helens Grab besuchte ich beinahe täglich und deswegen kannte ich den Weg auch auswendig und lief schnell zwischen den anderen Gräbern hindurch.

An einer Reihe blieb ich allerdings kurz stehen, denn ich konnte sehen, dass dort der Fremde an einem Grab stand. Er sackte auf die Knie und blieb in dieser Position. Ich wollte ihn nicht stören, also lief ich erst mal zum Grab meiner besten Freundin. Merkte mir allerdings die Stelle, an der er kniete, um später nach ihm zu sehen. An Helens Grab angekommen, ließ auch ich mich auf die Knie fallen und dann fing ich einfach an zu reden.

„Leni, du warst und bist immer meine beste Freundin, da wird sich nie etwas ändern. Ich hab dich auch lieb und du warst jemand ganz Besonderes. Du hattest das alles nicht verdient und du bist viel zu früh gegangen. Trotzdem bin ich dankbar, dass wir zusammen so viel Zeit verbringen konnten und verzeihen muss ich nichts. Denn da gibt es nichts. Ich wünschte nur, du wärst noch hier. Denn ich brauche dich. Was soll ich denn ohne dich machen? Wir hatten doch so viele Pläne zusammen. Auch wenn wir sie wahrscheinlich nie realisiert hätten. Aber es war so schön, mit dir zu träumen. Ich vermisse dich, Leni. Du fehlst hier. Du hättest doch jederzeit zu mir kommen können. Ich wäre doch für dich da gewesen. Egal was zwischen uns stand, wir waren doch immer noch die besten Freundinnen. Es tut mir alles so leid. Es gibt so vieles, was du hier verpasst und es tut mir so unglaublich weh. Du solltest mit mir durch dieses Leben spazieren. Und weißt du was, Nadja hat letztens mit mir gesprochen. Sie war neidisch auf uns. Auf uns zwei Außenseiter. Wir hatten etwas, das sie sich gar nicht vorstellen kann. Ich bin dir so dankbar, dass ich das erfahren durfte und ich hasse es, dass es jetzt vorbei ist. Aber ich mache dir keinen Vorwurf. Du konntest einfach nicht mehr. Ich war selbst so weit, diesen Schritt zu gehen, aber ich hatte Glück und ich hasse es, dass du dieses Glück nicht hattest. Und ich verspreche dir jetzt etwas. Ich werde für uns beide weiterleben. Wenn wir uns irgendwann wiedersehen, dann wirst du stolz auf mich sein, das verspreche ich dir. Ich werde alles daran setzen, mein Leben nicht zu verschwenden, denn es ist ein Geschenk, dass ich noch da bin und das werde ich nutzen. Leni, ich hab dich lieb. Ich werde dich nie vergessen und du wirst immer mein Antrieb sein!"

Ich weinte, während ich sprach und als ich endete, blieb ich trotzdem noch eine Weile dort sitzen. Erst als ich mich wieder einigermaßen beruhigt hatte, machte ich mich auf den Rückweg.

Der Fremde war schon wieder weg, doch ich wusste noch, an welchem Grab er gestanden hatte. Neugierig ging ich hin und las den Namen auf dem Grabstein. Matthias Kunze und diesen Namen kannte ich. Den kannte wohl jeder hier. Matthias wurde vor neun Jahren erschossen, als er bei einem Streit schlichten wollte. Es war eigentlich nur eine Schlägerei gewesen zwischen seinem besten Freund und ein paar Männern und plötzlich hatte einer eine Waffe gezogen. Matthias war gerade mal einunddreißig Jahre alt geworden. Das Ganze war ziemlich groß in den Nachrichten gewesen, denn die Männer waren geflohen und zwei von ihnen, darunter der Schütze, waren später tot aufgefunden worden. Anscheinend war es in beiden Fällen ein Unfall gewesen, doch es kursierten diverse Gerüchte, was wirklich vorgefallen sein könnte. Viele waren sich sicher, dass Matthias' bester Freund seine Finger bei diesen Unfällen im Spiel gehabt hatte.

Ich hörte hinter mir eine Stimme.

„Ich hatte mich mit den falschen Leuten angelegt und Matze hatte natürlich sofort eingegriffen. So war er schon immer gewesen. Er wollte alle beschützen, hatte schon als Kind davon geträumt, ein Superheld zu sein, und hat dann auch eine Polizeiausbildung gemacht. Hätte ich damals die Klappe gehalten, wäre er noch am Leben. Und das kann ich nie wiedergutmachen. Glaub mir, ich habe es versucht. Sein Leben kann ich nicht mehr retten."

Das war der Fremde, der hinter mir stand. Und jetzt verstand ich auch, warum er immer zur Brücke ging. Es ging ihm tatsächlich um

Wiedergutmachung. Er versuchte wenigstens ein paar Leben zu retten, um die Schuld, die er sich an Matthias' Tod gab, ertragbar zu machen. Und nun war es an mir, einmal ihm zu helfen.

„Wusstest du denn, dass einer der Typen eine Waffe hatte?", fragte ich vorsichtig.

„Nein, aber ich hätte trotzdem meine Klappe halten sollen. Aber das war schon immer mein Problem, ich konnte nie einfach nachgeben."

„Worum ging es denn eigentlich bei der Schlägerei?"

Ich brauchte mehr Informationen, um ihm zu helfen.

„Das ist das, was die ganzen Zeitungen nie aufklären wollten, ich befürchte, dass es verschwiegen werden sollte. Weißt du, Matze war nicht mein bester Freund, wie es überall hieß. Er war mein fester Freund und diese Typen hatten wohl etwas gegen Homosexuelle. Ich weiß nicht mehr, womit sie uns beleidigten, ich weiß nur, dass Matze mich weiterziehen wollte, doch das sah ich nicht ein. Ich blieb stehen und konterte den Spruch. Es schaukelte sich hoch, wir begannen uns zu prügeln und dann zog der eine plötzlich diese Waffe. Ich konnte nichts machen, schon hatte Matze sich vor mich gestellt und die Kugel abgefangen. Er war fast sofort tot."

Der Fremde blickte traurig zu Boden und ich legte eine Hand auf seinen Oberarm.

„Sie haben dich provoziert und du hast eben darauf reagiert. Ja, eine Schlägerei ist nie die Lösung, aber du wolltest es nicht. Du wolltest dich und deinen Freund verteidigen. Du kannst nichts für die Waffe. Du kannst nichts dafür, dass

Matthias dich retten wollte, was nebenbei gesagt zeigt, dass er dich wahnsinnig geliebt hat. Du bist nicht schuld und Matthias hat dich nicht gerettet, damit du unter einer Schuld zerbrichst, die du gar nicht hast", versuchte ich dem Älteren meine Meinung zu erklären. Der lächelte mich dankbar an.

„Danke, Kleine, ich werde darüber nachdenken", sagte er und ließ mich dann alleine. Ich hoffte, dass ich ihm irgendwie geholfen hatte, doch ich spürte auch, dass sich da noch viel mehr hinter seiner Geschichte verbarg. Trotzdem ließ ich es gut sein. Er hatte mir ja schon sehr viel anvertraut.

Kapitel 9

Helens Tod ist inzwischen fast drei Jahre her. Doch vergessen hab ich sie natürlich nicht. Sie ist immer noch ein Teil von mir. Außerdem haben mich auch die Folgen des Mobbings nicht mehr losgelassen. Ich merke immer noch, dass ich nervös werde, wenn Leute in meiner Nähe flüstern oder lachen. Dass ich vieles auf mich beziehe und ich in Gruppen Schwierigkeiten habe.

Nach meinem Abschluss war ich erst mal ein Jahr im Ausland. Ich wollte weg von alldem, was passiert war. Inzwischen bin ich wieder in Deutschland und habe mit meinem Studium angefangen und es läuft gut. Ich habe mich für Psychologie entschieden und vielleicht kann ich so irgendwann verstehen, was eigentlich in der Abschlussklasse passiert ist. Wie ich es damals geschafft habe, die Prüfungen nicht nur zu schreiben, sondern auch noch gut abzuschließen, kann ich mir bis heute nicht erklären. Ein Großteil wird Liams Verdienst sein, der hatte immer viel mit mir gelernt.

Meine kleine Cousine Lucy ist inzwischen im Teenager-Alter angekommen. Allerdings ist sie nicht ganz so schlimm, eigentlich ist sie noch immer das süße kleine Mädchen von früher, nur manchmal etwas zickig. Das Ballett nimmt sie inzwischen unglaublich ernst. Sie möchte Profitänzerin werden und ich denke, sie hat das Zeug dazu.

Mit Ina hab ich inzwischen wieder ein sehr enges Verhältnis und momentan ist sie im Prüfungsstress. Doch auch sie wird da gut durchkommen. Die Ereignisse haben auch sie nicht ganz losgelassen, aber sie hat es weitestgehend verarbeitet. Zweimal die Woche besucht sie Helens Grab und bringt ihr frische Blumen vorbei.

Kira ist seit den letzten Sommerferien in Spanien und macht dort zusammen mit einer Freundin ein Freiwilligenjahr. Sie hat großen Spaß und meinte letztens, sie würde am liebsten dort bleiben, aber ich bezweifle, dass sie das wirklich macht. Dazu hängt sie zu sehr an ihrer Familie.

Dem Fremden, er heißt übrigens André, geht es so weit gut. Er dreht immer noch seine Runden im Park und ich treff ihn öfter dort. Auch am Friedhof seh ich ihn ab und zu, wenn ich Helen besuche. Ich glaube, er fängt langsam an sich selbst zu verzeihen. Vielleicht erzählt er mir irgendwann mal alles, was noch zu seiner Geschichte gehört.

Helens Eltern sind weggezogen. Ich glaube an die Ostsee. Sie kommen aber immer noch ab und an her, um alte Bekannte und natürlich das Grab ihrer Tochter zu besuchen. Sie werden den Tod ihres einzigen Kindes wohl nie ganz überwinden. Ich kann es verstehen.

Mit Nadja, Sophie, Felix und ein paar anderen aus meiner alten Schule hab ich noch lose Kontakt. Sie alle haben ihren Weg gefunden. Wir haben beschlossen uns jedes Jahr an Helens Todestag im Park zu treffen. So geben wir uns gegenseitig Halt und sorgen dafür, dass Helen nie in Vergessenheit gerät. Natürlich sind fast alle dabei, die beteiligt waren.

Und Liam, der studiert ebenfalls, nur musste er weiter wegziehen. Deswegen führen wir auch eine Fernbeziehung, die aber gut funktioniert. Auch wenn wir uns oft schrecklich vermissen.

Doch momentan sind Semesterferien und deswegen ist er hier. Um genau zu sein, steht er gerade neben mir auf einem Bahnsteig und schaut mich immer wieder fragend an. Er weiß nämlich nicht, warum wir hier sind und ich werde es ihm auch nicht verraten. Ich hatte ihn nur vorhin gebeten, mit in die Stadt zu fahren, um etwas zu erledigen. Er hatte auch nichts dagegen gehabt, schließlich hatten wir uns lange nicht mehr gesehen. Doch als wir am Bahnhof hielten und ich ihn mit zum Bahnsteig schleppte, war er doch etwas unentspannt. Er hatte wirklich keinen Schimmer, was wir hier wollten, aber ich hatte ihm vor ungefähr drei Jahren ein Versprechen gegeben und das muss ich natürlich auch halten.

Immer noch sieht mich Liam fragend an, als ein Zug neben uns hält und ein Junge aussteigt. Liam sieht ihn an. Dann schaut er fragend zu mir und als ich nicke, rennt er auf den Jungen zu und schließt ihn in die Arme.

Er sieht Liam unglaublich ähnlich. Auch wenn er kleiner und schmächtiger ist. Man könnte zwar nicht sofort sagen, dass sie Zwillinge sind, aber Geschwister allemal.

Es hatte wirklich lange gedauert, Nathan zu finden, er war bei einem Freund untergekommen, den er noch aus frühster Kindheit kannte und der vier Jahre älter ist als er, der aber mit achtzehn weggezogen war. Die Jungen waren in Kontakt geblieben und so hatte sich Nathan ein neues Leben etwa zweihundert Kilometer entfernt von seiner Familie aufgebaut, schließlich war er schon sechzehn.

Wie ich ihn gefunden habe? Nathan ist immer noch ein begnadeter Zeichner und ist für einige Karikaturen verantwortlich. Nachdem ich seine Bilder in seiner alten Schule und damit seine Signatur gesehen hatte, musste ich nur noch eine Karikatur mit derselben Signatur suchen. Das war bei einer Zeitung der Fall und nach einigem Hin und Her konnte ich über den Zeitungsverlag Kontakt zu Nathan aufnehmen. Und nach ein bisschen Überzeugungsarbeit war er bereit zu kommen. Er hatte seine Familie schließlich auch vermisst.

Arm in Arm kommen die Jungs auf mich zu. Während Nathan mir die Hand gibt und sich vorstellt, wir hatten ja bis jetzt nur miteinander telefoniert, zieht Liam mich in seine Arme. Er küsst mich und bedankt sich immer wieder dafür, dass ich seinen Bruder gefunden hatte.

Ein Lachen veranlasst mich dazu, Liam von mir zu schieben und Nathan wieder Beachtung zu schenken. Auch Liam dreht sich wieder zu seinem Bruder. Er ist sprachlos, auch wenn er so viele Fragen hat. Er kann wahrscheinlich immer noch nicht fassen, dass sein lang vermisster Bruder wieder neben ihm steht. Erst als wir uns ein paar Straßen weiter in ein kleines Café setzen, stellt Liam die erste Frage.

„Warum bist du nur abgehauen, Kleiner?", fragt er immer noch ungläubig.

„Nenn mich nicht immer so", meint der Angesprochene erst mal nur, bevor er dann doch antwortet.

„Ich konnte das alles einfach nicht mehr und wollte dich damit nicht belasten. Hättest du alles gewusst, hättest du dich nur noch um mich gekümmert und dein Leben Nebensache werden lassen. Das wollte ich nicht."

„Aber deswegen gleich abhauen, ohne Bescheid zu geben", sagt Liam anklagend, ehe er ein leises, trauriges „Ich hab mir Sorgen gemacht" nachschiebt.

Nathan seufzt leicht, ehe er antwortet.

„Ich weiß, es war nicht der richtige Weg. Jetzt weiß ich das, doch damals dachte ich, es sei die einzige Lösung."

Liam nickt verstehend und auch ich verstehe, was in Nathan wohl damals vorgegangen ist.

Noch ein paar Fragen und Antworten folgen, dann machen wir uns auf den Weg nach Hause. Ich natürlich zu meiner eigenen Familie, denn ich würde wohl stören, wenn Nathan und seine Eltern sich nach fünf Jahren wiedersehen.

Nachwort

Louisas und Helens Geschichte ist ausgedacht und hat so nicht stattgefunden, sie basiert auf eigenen Erfahrungen, Eindrücken und Erzählungen. Aber Geschehnisse wie die in „Kettenreaktion" geschilderten, ereignen sich jeden Tag auf Schulhöfen in ganz Deutschland. Genauso kommt es aber auch in Kindergärten, an Arbeitsplätzen, in Vereinen und ähnlichem zu solchen Vorfällen

Mobbing ist ein großes Thema in unserer Gesellschaft, dass leider viel zu häufig ignoriert oder klein geredet wird.

Ich selber bin in meinem Leben schon häufiger mit Mobbing konfrontiert worden und habe angefangen mich näher mit dem Thema auseinanderzusetzen.

Oft können Menschen, die keine Berührungspunkte mit Mobbing aber auch Täter nicht genau nachvollziehen, wie sich ein Mobbingopfer fühlt und warum Mobbing so gefährlich sein kann.

Daher habe ich mich entschlossen diese Geschichte zu schreiben, um es damit einfacher zu machen, die Opfer, aber auch die Täter zu verstehen.

Louisas Gedanken und Handlungen sind authentisch, da sie auf tatsächlichen Erfahrungen basieren.

Ich will hier nicht mit dem Finger auf Mobber zeigen und keinen verurteilen. Jeder Mensch hat seine Hintergründe, seine Geschichte. Und manchmal braucht genau derjenige, der am lautesten gegen andere hetzt, dringend Hilfe.

Ich will hier auch nicht den Moralapostel spielen, trotzdem möchte ich sagen, dass man erst über einen Menschen Urteilen kann, wenn man ihn kennenlernt und seine Hintergründe versteht.

Danksagung

Ich bedanke mich in erster Linie bei allen Leserinnen und Lesern. Außerdem bei Books on Demand, durch die mir die Veröffentlichung ermöglich wurde.

Des weiteren ein Dankeschön an alle, die sich die verschieden Versionen der Geschichte immer wieder durchgelesen haben um mir Feedback zu geben, sowie diejenigen die mir ihre Erfahrungen und Gedanken geschildert haben und mir geholfen haben mich mit dem Thema auseinanderzusetzen.

Außerdem gilt mein Dank natürlich meiner Familie sowie meinen Freunden. Danke an jeden Einzelnen, der mir Mut gemacht hat und an mich geglaubt hat.

Genauso bedanke ich mich aber auch bei jedem, der nicht an mich geglaubt hat, und mich so dazu angespornt hat, mein Bestes zu geben.

Sarah Kleiner wurde 1996 in Neu-Ulm geboren. Sie wuchs mit zwei Geschwistern in einem Dorf in der Nähe von Ulm auf und machte dort ihr Fachabitur an einem Sozial- und Gesundheitswissenschaftlichen Gymnasium im Profil Soziales.

Mit zehn Jahren begann sie ihre ersten eigenen Geschichten zu schreiben.

Schon 2014 hatte sie die Idee für ihren Debütroman Kettenreaktion.